江西省社会科学研究规划项目"马克思主义关于消费的社会
（项目编号：19KS24）"研究成
江西高校人文社会科学重点研究基地招标项目"客家民情

U0634581

消费视野下主体性重构研究

吴玉彬◎著

吉林大学出版社

长春

图书在版编目（CIP）数据

消费视野下主体性重构研究 / 吴玉彬著 .–– 长春：
吉林大学出版社，2021.10
ISBN 978-7-5692-9409-5

Ⅰ .①消… Ⅱ .①吴… Ⅲ .①消费—研究 Ⅳ .
① F014.5

中国版本图书馆 CIP 数据核字 (2021) 第 227638 号

书　　名：消费视野下主体性重构研究
　　　　　XIAOFEI SHIYE XIA ZHUTIXING CHONGGOU YANJIU
作　　者：吴玉彬 著
策划编辑：卢　婵
责任编辑：米司琪
责任校对：王宁宁
装帧设计：黄　灿
出版发行：吉林大学出版社
社　　址：长春市人民大街 4059 号
邮政编码：130021
发行电话：0431–89580028/29/21
网　　址：http://www.jlup.com.cn
电子邮箱：jldxcbs@sina.com
印　　刷：武汉鑫佳捷印务有限公司
开　　本：787mm×1092mm　　1/16
印　　张：12.5
字　　数：150 千字
版　　次：2021 年 10 月　第 1 版
印　　次：2022 年 3 月　第 1 次
书　　号：ISBN 978-7-5692-9409-5
定　　价：68.00 元

序　言

　　全球化浪潮把消费实践从社会和文化生活中的"边缘角色"变成了"时代的主角"。同时，中国社会也面临着消费转型和消费升级的现实性问题，是"一场静悄悄的消费革命"。但这并不等于说，马克思对资本主义社会分析的一些主要观点在今天已不再重要了。重新梳理马克思主义者关于消费的社会理论并探索其当代实践意义，是当代社会科学的重要任务之一。习近平总书记在党的十九大报告中提出了"深化马克思主义理论研究和建设，加快构建中国特色哲学社会科学""完善促进消费的体制机制，增强消费对经济发展的基础性作用""推进消费革命"等相关论述。由此，在面临新时代、新问题，拓展马克思主义关于消费领域的研究不仅是理论继承发展的问题，更关涉中国人民共享改革和发展成果、实现美好生活的现实问题。

　　本书分三部分，第一部分（一至三章）对马克思关于消费的社会理论进行系统、深入的梳理，把马克思的社会理论研究纳入消费的视角，展开消费文化研究或消费的社会理论研究。系统整理搜集马克思、恩格斯、列宁等古典马克思主义者的原著中对消费的研究：马克思对工作、消费、休闲的看法、态度和行为。同时历史主义的分析马克思关于消费的社会理论的影响，分析了马克思和鲍德里亚的消费社会理论的异同，揭示人的主体性困境和身份认同的转变。第二部分（四至五章）从客观历史社会结构和主观阶级体验出发，建构一个突破西方消费话语体系，完善补充中国特色的马克思主义消费社会理论体系。第三部分（六至七章），基于实地研究资料，结合中国的社会现实，对马克思主义关于消费的社会理论的现实意义做了探索性的、前瞻性的讨论和分析。把马克思主义的阶级分析法纳入消费的视野，以分析、阐释中国农民工群体的主体性再造和群体认同的生活经验问题。

在消费社会中，农民工的自我认同和主体性重构、群体认同和公共性建设都需要重新审视和研究。农民身份重塑有其特有的制度民情以适应城市生活，同时，在生产过程和生活中，消费主义、个人、农民工的共有习惯三者之间的互动形成了独特的个体化脉络。这种个体化在现实中会产生一系列社会后果。

第一，消费与民情下农民工个体化的表现形式。主要表现为以下几点。（1）消费观念和新媒体对新生代农民工个体意识的重构。例如，游戏、网购、媒体、闲逛、老板梦、张扬个性等消费主义的兴起对其潜移默化的影响。（2）农民工传统乡土价值观念的再造。虽然传统价值观念已然消失，但其基本精神和理念却得以保存下来，具体表现为边缘、恶劣的外部城市居住空间和缺乏私密性的内部居住空间；以亲属、朋友、同乡等传统社会关系形成的社区生活；父权制的重构；对家庭的依赖性抗争。（3）农民工在生产过程中的碎片化和彼此隔离。具体表现为：生产的自我剥削；工人彼此间的冲突与矛盾；精神的抑郁与自杀倾向等。（4）通过流动儿童、留守儿童的研究延伸新生代农民工个体化的时空体验。从家庭结构、乡土文化、教育经历、生活状态和职业规划五个方面考察他们的个体化路径。

第二，消费与民情下农民工个体化的生成机制。（1）本书将生命历程理论作为主要的视角，把消费社会作为时代背景，从农民工的生产体验和生活体验两个方面来论述其个体化的现状。（2）消费主义框架下，乡约民情与农民工的现代社会想象互动模式。新生代农民工从熟悉的乡村社会来到陌生的城市谋生时，传统乡土资源是他们可资利用的心理与工具性资源，包括乡约、宗族、亲属、戏曲、教育、信仰等地方性知识。这些乡土文化的精神以不同的形式复活，并构成了新生代农民工个体化的重要内容。

第三，农民工个体化的社会后果。主要表现在以下几方面：（1）消费主义滥觞、金钱崇拜盛行；（2）个人化、碎片化的趋势导致公共生活的缺失；（3）个人心理问题、婚恋问题、家庭问题等日益突出；（4）工具理性蚕食了价值理性，自我认同出现了偏差，中国优良的传统文化发生变化。

第四，治理创新机制分析。（1）在消费视角下，构建一个基于中国制度与民情的个体化路径。不同民族和地区的历史、制度与生活的现实各异，由此造成对社会想象的方式有所不同，使其日常实践模式差异化。只有构建一个中国本土化的个体化模式才能更好地与西方对话，破除西方的话语霸权。（2）如何治理传统与现代间的农民工个体化的困境。中国有丰富的传统资源，当农民工从农村来到城市直面现代化时，会产生家庭、婚姻、工作等各种问题。如何调适和治理这些问题非常的严峻与迫切。事实上，中国存在的多元经济结构和地方文化的差异使得农民工的转向有多种可能，比如家庭小农场、非正规就业、传统民俗开发等。（3）农民工劳动力转移的可能出路。如何让农民工自愿回到农村、重建乡土社会，不仅需要国家从宣传、制度设计和资源等方面加以扶持，还需要探索出一条中国特色农村经济发展道路。如果能达到这个目标，农民工即便不经历无产阶级化的道路和阶级的形成也能重建公共性认同，农村生活也能更美好。

目　录

绪　论

　　现代和后现代理论有一个共识：消费处于当代资本主义和文化的中心位置。布迪厄（2015）把消费主义视为现代资本主义背后主要的推动力量，消费作为符号机制重构后现代社会结构。吉登斯（1998）指出，消费主义是对身份认同危机的反映，随着多元化的群体、价值观和知识在后现代社会的出现，消费主义是重建身份认同的重要途径。马克思主义社会学作为一个重要的知识传统和学术路径，主要集中在"生产"领域。当生产者社会淡出，消费者社会突显，消费文化或消费社会学的视角逐渐被接受为一种新的分析和研究范式。伴随着重返生产和生活的消费话语回归，马克思消费的社会理论迎来新的生机和活力。

　　起初，消费主义是社会精英的事情，具体表现为奢侈性消费和炫耀性消费。但随着时间推移和下层人收入的提高，这种生活模式被假定可以被下层人民模仿。涌现出消费"民主化"的同时，消费主义的理念变成普通大众触手可及的现实。斯特恩斯（2014）把"消费主义"定义为物质商品的诱惑，这种消费主义形式首先出现在18世纪的西欧，关注衣着打扮与家用的小物品。然后在19世纪晚期传播到世界各地，以商品与闲暇为核心的消费主义迅速占领大众日常生活。但是消费主义在不同的历史时期和地域有不同的表现模式，并非单指西方的消费主义并将其移植到世界其他地方，重要的是要融合地方模式和传统价值观念并形成独特的消费主义类型，包括：俄国消费主义、东亚消费主义、拉丁美洲的消费主义等。随着对"现代性"不同的评估和理解，消费社会的图景也在不断变化。我们面临"现代消费者""传统消费者""后现代消费者"的理想类型。

如果把焦点放在消费主义的"贪婪""物质主义""被购买商品的欲望控制"时，也忽视了消费的现实功能，例如消费者身份已经与市民参与、文化认同、社会和全球正义等问题连在一起。Ben Fine（2002）认为要回到生产来理解消费和消费主义，如果把消费主义等同于富裕社会，这不仅忽视了生活在发达资本主义经济边缘的群体，更无视那些第三世界的人民——消费水平仅维持在果腹之欲的人群，更不用提那些正在经历饥饿、疾病或无家可归的人。无疑，一种普遍的观点认为，正是发达国家的贫困者、第三世界国家的牺牲，加上近代出现的富余生活产生了超越生存的消费形式。同时，Ben Fine（2002）指出，市场需求一直主导或决定经济的发展经不起推敲。消费主义的路径假定底层阶级的消费会模仿上层阶级的层级传递的模式（上层的需求会刺激下层的需要）。预设消费习惯和消费水平被普及给所有的人口，这种观点在现实中并没有得到证实。事实上消费在人群中的扩张与收入水平密切相关，因为消费牛肉前提是要付得起钱。

Terhi-Anna Wilska（2002）在研究芬兰的消费主义和生活风格时指出，尽管存在物质主义和享乐主义的生活方式，但大多数的消费模式和生活方式是适度消费。同时，储蓄和投资对大多数消费者是最重要的。更为突出的是，例如性别、年龄、社会阶层和收入对大多数的生活方式有重要的影响。由此，研究消费主义不仅关注消费主体，更要探究生产主体在中国传统价值观念下形成独特的消费主义模式。不仅要从欲望策略、物质主义、符号等方面来研究消费主义，更要从真实的人际关系和阶层地位、收入水平、地方文化和价值观等方面来研究消费主义。

一、框架结构

第一，从消费的视角重新审视马克思主义关于消费的社会理论与人的主体性重构关系。在西方，工人阶级形成的过程与其从传统中脱嵌出来的无产阶级个体化过程是同步的，只不过在此进程中阶级的逻辑掩盖了个体化的逻辑。农民在无产阶级个体化后陷入极端贫困状态，集体体验的贫困迫使他们通过阶级的形式来应对生活的不确定性并重建身份认同。而在生活的富裕化瓦解了物质的贫困化境况，流动的个体在各种制度的保障下逐渐取代阶级的实体重建身份认同。当外国资本、私营企业、跨国公司、市场化、私有产权成为中国人日常生活中的重要组成部分，当中国成为"世界工厂"时，马克思主义社会学对资本主义的分析和批判重获新生的时机到来了。

第二，马克思关于消费的社会理论与当代世界和中国的社会现实。用历史主义的视角讨论马克思和鲍德里亚理论的异曲同工之处和共同关注的焦点。鲍德里亚并没有忽视生产，而是在生产高度发达的现代社会背景下对消费社会的一种文化解读。从"消费异化"到消费者主体性：西方消费研究理论视角的变迁及其对中国消费社会学理论研究的意义。

第三，马克思关于消费的社会理论实证研究：农民工群体消费主体性再造。（1）在中国特殊经济、文化发展的历史和消费主义制约下，农民从熟悉的乡村社会来到陌生的城市生活后，他们如何应对生活中的风险和不确定性，又是如何在生活实践中找寻相应社会位置是一个迫切的社会问题。（2）把消费社会作为时代背景，从农民工的生产体验和消费主体两个方面来论述其主体性的再造。（3）在日常生活中，消费主义的观念对农民工子女自我身份的认同和重构，例如游戏、网购、媒体、消费观念、张扬个性、对职业和生活的期许等。

二、研究方法

（一）质性研究

本研究以质性研究方法为主，通过参与式观察和访谈获取研究资料。质性研究方法是指研究者本人运用研究工具，在自然情境下采用多种资料方法对社会现象进行整体性探究，使用归纳法分析资料和形成理论。通过与研究对象互动对其行为和意义建构获得解释性理解的一种活动（陈向明，2000，12），质性研究用来收集资料的典型方法有参与、直接观察、深度访谈、资料档案和文献回顾。参与观察主要关注点是人们在日常生活的过程中形成对周围世界的理解，赋予它意义，并根据这些意义进行互动。对于居民、当地人、局内人或者成员来说，日常生活的世界就是现实（乔金森，2008）。而访谈法则在现实生活中获得一个个鲜活的个案和真实的故事，研究者能够与研究对象同呼吸、共命运，研究者从自己收集资料中寻求意义解释或理论的根据，在归纳分析的基础上得到更令人信服的结论。同时，运用质性方法进行研究，能避免定量研究无视社会个案、用大型统计数据遮蔽现实、不能更好地研究工人的日常生活等微观事件等缺陷。在2013年暑假期间，笔者进入工厂做了为期一个月的实地调研并搜集了大量资料，在硕士论文的基础上逐渐形成该研究的清晰认识。在打工期间与多名员工建立了联系，试图以局内人的眼光审视周围世界，尽量做到客观公正。但书中笔者并不隐蔽自己的态度和立场，这是笔者之所以对工人阶级研究感兴趣的最初推动力量和价值关怀。

（二）工厂民族志

劳工研究的两个主要传统是劳工史和工厂民族志，两者互见长短、各具特色。前者追求对于工人阶级形成和工人运动的历史性叙事，因此通常具备一种结构的视角，适合观察大规模和长时段变迁，但也往往容易陷入事后之明和结构主义的决定论。而后者则重在记录发生在工作场所的日常细节，关注生产过程中资本的控制和工人的反抗，却也容易陷入微观田野不能自拔，而忽略外部宏观结构的变迁（闻翔，2012）。沈原等试图在工厂民族志的基础上力图避免这种方法的缺陷，关注社会结构的变迁，在对整个社会结构的认识和判断基础上来研究农民工的阶级转向和真实体验（沈原、闻翔，2013）。从本质上说，工厂民族志的写法是个案研究，如何解决个案选择的代表性或典型性问题一直是个难题。其实，个案研究法的优点不是像大规模抽样调查那样，在统计学基础上，

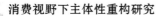

用样本来推论总体特征。而是个案研究能否辅助理论的建构，能否在个案的基础上提供一个新的视角和解释。但在社会科学体系化的胁迫下，个案研究不得不解决个案概括性的问题，为此，扩展个案法提供了一个新的方法论视角和研究方法。扩展个案法将反思性科学运用到民族志，去理解日常生活的微观处境是如何被宏大的结构（政治、经济、文化结构）所形塑。拓展个案法在"分析时则始终抱持反思性的信条，时时体察宏观权力等因素对日常实践的渗透性和影响力。研究者居高临下地看待具体生活，亦从具体生活中反观宏观因素的变迁。通过宏观与微观因素的往复运动，进而解答问题。它跳出了个案研究的狭小天地，解决了宏观与微观如何结合的问题"（卢晖临、李雪，2007）。

（三）资料的收集

文献上，搜集整理马克思关于消费的社会理论，建构一个适合中国国情的马克思主义消费理论模式。

实证资料，主要是访谈资料和笔者在田野期间的日常记录。笔者从2010年起就关注新生代农民工的诸多问题，并跟随导师亲赴富士康调研，积累了大量的访谈资料和量化数据。2011、2013、2014年，笔者又陆陆续续去一家工厂做了近10个月的田野调查，其中在车间工作近4个月，期间对新生代农民工的消费和日常生活做了详细观察和记录。为了研究农民工子女的阶级取向以便和威利斯笔下的英国工人阶级子女做比较，笔者对15个农民工子女在上海的教育经历进行访谈，整理访谈录音大约34万字。这些一手资料奠定了本书写作的基础。

三、消费视域下流动人口的身份表述

工人身份的形成过程在西方经历了一个漫长的无产化的历程，同时，在无产化的历程中个体化的现象也相伴而生。在西方，恰恰是个体化的工人从传统、邻里、职业中脱离出来后生活条件恶化，集体性地体验到贫困化的状态后，才促成了工人从"自在群体"向"自为群体"的转变。然而当代却有不同的历史和现实状况，特别是制度性个体化的兴起日益改变着民众的生活状态和思想观念。

农民的工人阶级化不仅是一个重要的理论问题，更面临着重大的现实挑战。在传统马克思主义的视野下，劳动力与资本是一种天然的敌对状态，劳工会借助自身结构性力量和结社力量抵制资本家的剥削，并以马克思式的抗争或波兰尼式的抗争表现出来（西尔弗，2013）。有研究者对农民工的阶级形成持乐观主义的态度（刘建洲，2014）。更有研究者将农民工的阶级主体的锻造和形成寄希望于新生代农民工身上，因为新生代不仅是一个时间节点（1980年）的区分，更重要的是"相比老一代，他们较少有务农经历，接受过更好的教育，接受了都市的生活方式、消费方式和价值理念，自身的发展定位也多在城市"（清华课题组，2013）。当新生代农民工试图把自己转变成城市居住的工人时，残酷的社会现实让他们感到沮丧、怨恨和愤怒，进而带来了工人自我意识的发育并促使其阶级地位的形成（Pun Ngai，2010；卢晖临、潘毅，2014）。

事实上，在阶级意识和阶级认同过程中面临诸多阻碍和多样化的现实走向。黄岩（黄岩，2012）认为，在中国，剥削并非总招致劳工的抵抗，甚至会形成在劳工"同意"下的"自我剥削"。即便在农民工的抗争过程中流行的也是一种实用主义团结文化（汪建华，2013），甚至受剥削压迫所产生的"共同的悲愤感"也没能造成劳工的有机团结（亓昕，2011）。与之类似，台湾地区的民主工会运动的基础也是带有排斥性的"兄弟意气"而非更为广泛的阶级意识（何明修，2008）。这些事实贴近新古典主义（塞勒尼、汤斯利，2008）的观点：尽管存在苦难和退化，工人却以各种灵活的私人方式解决生计而不是采取集体行动。这种通过个人的方式表达出来的不满或愤恨并非是传统的左派政治，更多的是一种"弱者的武器"或是"怨恨政治"（Piven，2000），很难促使阶级意识的形成和阶级的团结。虽然有学者（裴宜理，2001）认为，工人群体间的分裂并不影响工人阶级的团结和阶级的形成，但对农民工的工人阶级化的命题应做审慎的研究和判断。农民工的阶级形成首先涉及无产阶级化的问题，其次是中国面临着不同于西方阶级形成的政治制度、社会结构、经济基础和传统的文化习俗等问题。对于前者而言，劳工斗争主要是在反对无产阶级化和无产阶级的生存条件，即摆脱自己无产阶级的状况（哈尔珀琳，2009）。同时，现有的研究已证明，有产（半无产化）的农民工的经济地位要优于完全无产化了的工人（Zhang，Forrest Qian and Donaldson，2008）。相反，完全无产阶级化的工人会陷入更为贫困落魄的状态，有时甚至会羁绊一国的社会经济的转型和发展（阿尔利吉，2000；黄宗智，2010）。这些情况表明，农民工在通往工人阶级的征途中注定要面临诸多苦难和阻碍性因素，而这诸多困厄甚至会改变预期的目标和路线。如果不去探究这些理论困境和现实约束条件，一味地根据西方的历史进程和学者的愿景来呼吁农民工的工人阶级化，笔者认为有历史决定论和过度乐观主义的嫌疑。

（一）流动人口何需工人化

目前学术界虽然对农民最终能否形成一个"阶级"主体性认同一直争论不休，甚至呈现白热化状态，但有一点能达成共识，即"农民—农民工—工人阶级"的线性进化模式。也就是说农民工伴随着无产阶级化转化为工人阶级是一个毋庸置疑的应然问题，即便是阶级话语的消失也不能阻止新的工人阶级破茧欲出（潘毅，2005；沈原，2006；潘毅、陈敬慈，2008）。这种基于英格兰历史经验的阶级形成模式（卡茨纳尔逊，2009）不仅被马克思主义传统所秉承，还被新自由主义者所坚持（黄宗智，2013）。事实上，工人阶级的形成过程在西方经历了一个漫长的无产阶级化的历程，同时，在无产阶级化的历程中个体化的现象也相伴而生。在西方，恰恰是个体化的工人从传统、邻里、职业中脱离出来后的生活条件恶化，集体性的体验到贫困化的状态后，才促成了工人"自为阶级"的主体性的转变与形成（马克思，2004）。当农民试图把自己转变成城市居住的工人时，残酷的社会现实让他们感到沮丧、怨恨和愤怒，进而带来了工人自我意识的发育并促使其身份地位的形成。

事实上，在工人群体意识和身份认同过程中面临诸多阻碍和多样化的现实走向。黄岩（2012）认为，西方资本主义的剥削并非总招致劳工的抵抗，甚至会形成在劳工"同意"下的"自我剥削"。即便在农民的抗争过程中流行的也是一种实用主义团结文化，甚至受剥削压迫所产生的"共同的悲愤感"也没能促成劳工的有机团结。与之类似，民主工会运动的基础也是带有排斥性的"兄弟意气"而非更为广泛的身份认同意识。这些事实贴近新古典主义的观点：尽管存在苦难和退化，工人却以各种灵活的私人方式解决生计而不是采取集体行动。这种通过个人的方式表达出来的不满或愤恨并非是传统的左派政治，更多的是一种"弱者的武器"或是"怨恨政治"，很难促使工人群体意识的形成。虽然裴宜理（2012）认为，工人群体间的分裂并不影响工人的团结和群体的形成，但对农民的工人化的命题应做审慎的研究和判断。

（二）无产化：农民的工人化的理论困境

1. 名实分离的工人

工人阶级有其自身的特殊内涵和时代背景，在马克思主义经典作家的论述中，"现代的工人""无产者""现代工人阶级"，是"无产阶级"在不同问题域下的一种"同出而异名"的表达（刘建洲，2014）。在经典马克思话语中（马克思、恩格斯，1995），工人阶级是19世纪的劳动阶级，是指没有自己的生产资料、因而不得不靠出卖劳动力来维持生活的现代雇佣工人。无产阶级在遭受普遍苦难后，逐渐演变成一种否定的力量、革命的政治力量，并在实际的政治斗争和革命实践中形成具有政治意义的阶级，肩负着推翻资本主义制度，解放全人类的历史使命。普沃斯基（2013）认为在19世纪中叶，人们对工人阶级的经验直觉（从事体力劳动、生活窘迫等）与经典马克思主义关于工人阶级的定义很相符合。但到了1958年，工人阶级这个概念包括了办公室秘书、行政主管、护士、企业律师、教师、警察、计算机操作人员和执行经理等，现实中的工人阶级成员与它最初的界定相差甚远。用他的话说，工人阶级的概念如同水面上的一圈圈波纹：构成其核心的，主要是从事体力劳动的产业工人；围绕这一核心的，是那些与生产资料相分离的各层次中的人们；而处于边陲的，则是那些仍旧拥有生产资料所有权的人们。Gorz（1983）宣称"告别工人阶级"，作为资本主义掘墓人的无产阶级却先于资本主义进入坟墓，革命的、斗争的无产阶级让位于"新工人阶级"（专家、技术人员、教师、科学家、工程师、科层管理人员、外籍劳工等），这个新工人阶级专注于工资、待遇、生活的意义和政治权利的落实。

工人阶级外延的不断扩大，甚至是模糊不清给劳工研究造成了极大的困扰，其根本原因在于社会经济和社会结构本身是动态的，而占据不同结构位置的人也处于动态变化中。如何划分这些人群的阶级归属，就理论而言，我们能够将人们放进我们所希望放置的任何分类模式之中。但是，在政治实践和日常生活中，我们所遇到的是具体的人，他们拥有自己的各种利益以及关于这些利益的认识（普沃斯基，2013）。无论在话语体系还是在日常实践中，人们一般在隐喻层次上使用这个概念，在现实生活中已很难找到与之相对应的群体。但要想成为工人阶级——这个已被掏空概念的新主体——都必须经历无产阶级化的历程才能得以实现。

2. 无产化：错置具体感的谬误

无产阶级化理论已不是一个新鲜的理论视角，并有其特殊的历史发展和规律性（具海根，2009；汤普森，2001）。无产阶级化历程的论点或研究取向有两种：第一种论点将其看成直接生产者的生活资源逐渐减少或逐步被剥夺，不得不依靠出卖劳动力、换取工资、谋求生存的过程。这种视角的分析大多来自历史学家，可以称之为一种"人均的无产阶级化历程"的研究取向。第二种论点来自社会学家的阶级分析研究，将无产阶级化历程等同于无产阶级在劳动人口比例中的增加过程，将其视作一个雇佣劳动者逐渐由低度无产化的产业类别（生产位置）向高度无产化的产业类别（生产位置）移转的过程。这种研究取向可称为"经过阶级位置变化而实现的无产阶级化历程"（刘建洲，2014）。其实，第二种研究取向是以第一种研究取向为基础和前提的，由此，农民工要想转化为工人阶级首先要完成无产阶级化的历程。

马克思认为农民的无产阶级化和资本关系的创造过程是同步的，"这个过程一方面使社会的生活资料和生产资料转化为资本，另一方面使直接生产者转化为雇佣工人"（马克思，2004：822）。这个过程也是资本原始积累的过程，即对农业生产者土地的暴力剥夺。马克思写道："被驱逐出来而变成了流浪者的农村居民，由于这些古怪的恐怖的法律，通过鞭打、烙印、酷刑，被迫习惯于雇佣劳动制度所必需的纪律。"（马克思，2004：846）"在欧洲以外直接靠掠夺、奴役和杀人越货而夺得的财宝，源源流入宗主国，在这里转化为资本。"（马克思，2004：864）布洛维（2007）指出马克思主义者在分析"劳动力无产阶级化"过程的时候，强调了"自由工资劳动力"的"双重分离"：工人分离于生产资料，并因此分离于生存资料。这两个分离的结合迫使工人在劳动力市场上出卖他们的劳动力以维持生存。与此同时 C. 蒂利沿袭了这种无产阶级化的观点，认为无产阶级化包括：其一，工人日益与生产资料相分离，这意味着剥夺的不断增长；其二，工人越来越依靠出卖劳动力而生活，这意味着雇佣劳动的不断增长。剥夺、雇佣劳动及其所包含的异化形式，构成了经典意义上初始无产阶级化过程的基本面相（转引自刘建洲，2013）。这种建立在剥夺、奴役、强制、流离失所、暴力镇压基础上的无产阶级化已然成为历史，种种暴力拆迁、工人非正常死亡、道德堕落、大量雇佣童工等人间惨剧见诸历史资料和文献中。我们或许无法阻止农民工的无产阶级化的趋势，但我们能够"缩短和减轻分娩的痛苦"（马克思，2004）。

将农民工彻底无产阶级化并最终转换为依赖工资过活的工人的观点，从源头上说，这是将英格兰阶级形成的模式作为范例并作为普遍规律，用来研究其他国家的阶级形成模式，其实这种阶级模式并不适宜于欧洲发达国家，更不用说发展中国家了（卡茨纳尔逊，2009）。任何忽视具体历史背景和事实的概念挪用都会犯一个方法论上的错误：措置具体感的谬误。然而，国内大部分学者在具体研究中是基于西方无产阶级化的结果来讨论中国农民工无产阶级化的现实。潘毅、任焰（2008）认为，所谓无产阶级化，是指伴随着一个国家的工业化过程，往往会同时出现一个急剧的城市化过程，即劳动力由农业向工业转移，农业人口不断地转化成为城市人口，并在城市中逐渐扎根，形成自己的社区，成为新的工人阶级。同时，坚持国家直接或间接地介入农民工集体性消费资料（住房、教育、健康、文化设施、交通等）的生产、分配和管理以促进农民工向产业工人转型。还有学者（王春光，2006，陈映芳，2005）从公民权的落实、彻底的市民化等视角来研究农民工的无产阶级化。就像无产阶级在不同历史社会结构下表现各异一样，农民在不同历史社会境遇下所面对的无产阶级化的内涵也有所差异。不过农民的无产阶级化在西方已然成为现实，经过劳资双方长期的冲突和博弈，国家最终承认了工人的各种权利（组织、罢工和集体谈判的权利）、吸纳和制度化工人运动、社会福利制度的建立、公民权的落实等。现代意义上的工人阶级，完成了从专制工厂政体到霸权工厂政体的转型（陈锋，2009；布洛维，2008）。中国学者用现代西方工人阶级的丰富内涵来研究农民工的初始无产阶级化是否合适？有种站在历史的终点来回望历史并据此塑造中国农民工的嫌疑。

农民是否要工人阶级化，这是一个历史和经验的问题，不是一个理论和价值判断。在西方，个人在阶级形成之前陷入极端贫困化状态，集体体验的贫困迫使他们通过阶级的形式来应对生活的不确定性和重建身份认同（马克思，2004）。而随着消费社会的兴起，马克思所预言的阶级形成条件的物质贫困化被克服，工人不再是"饥寒交迫的奴隶"，所失去的也不再是"仅仅是锁链"。同时，劳动者已不再求助阶级来解决自己所面临的诸多问题，而是呈现一种制度性个体化状态，由此造成的一个结果是个体而非阶级成了生活世界中的基本单元。

（三）消费实践的个体化：流动人口工人化的现实约束

制度性的个体化是自反性现代化的结果，即工人在工业时代建立的确定性和生活模式（工人群体身份、核心家庭等）被自反性现代化严重侵蚀，工人就像起初从封建束缚中解放出来一样，他们又被从群体等确定性的生活模式中"解放"出来。而被"解放"的个体成了自身的规划者和设计者，呈现一种"为自己而活"或"自我文化"的现象，即过一种充满不确定性的属于自己的生活（贝克，2004）。这种缺乏确定性的个体在找寻新的确定性的过程中，更加依赖于劳动力市场、教育、消费、福利国家的管理和支持。制度性的个体化的出现有其特殊的社会背景条件和特征。

首先，个体化是西方现代社会系统自身再生产的需要，与消费社会的内在逻辑相一致。二战后，资本主义二元主义的发展模式——对内剥夺对外出口的外向型发展模式被打破（哈尔珀琳，2009）。资本主义国家为了避免革命幽灵的到来以及实现堆积如山的商品的剩余价值，只有通过国内市场的扩张、调节财富分配的模式来提高工人的收入和消费水平。同时，社会精英也认识到如果消费水平与生产力的提升保持同步的话，就不会有过剩的商品和资本。所以，工人不仅被视为一种生产力，更重要的是一种消费力来维持资本主义体系的再生产，消费社会的形态就应运而生了。对消费社会中的工人来说，由压迫为主的社会机制转变为由享乐所控制的经济机制。与之对应的劳工政治力量不取决于它在罢工的组织化形式中停止工作的能力，而是在于它增强人们生活个性化的能力。

其次，在解放政治已经让位于生活政治的今天，个人并非如新自由主义者所坚持的那样——天生就是自由选择的行动者，在不受制度约束的条件下能够最大化自己的利益，而是在民主政治、个人权利的保护、福利国家等制度前提下的个体。阎云翔（2013：327）认为这种个体化"一方面是不断增长的对个性、选择和自由的要求，另一方面是个体对社会制度的复杂而不可避免的依赖"。也就是说西方的个体化包括两个方面的内容——制度化的法律形态和个体化的人生模式，这两种形态在西方特殊文化情境下融合到一起。事实上，个体化的两个方面的内容并非在世界各国都恰如其分地融合在一起形成不同的个体化模式。

最后，在制度性个体化现实的约束下，群体归属的观念已经让位于个体的观念。即便是工人身份认同也不能建立在传统马克思主义旗帜鲜明的群体斗争的过程中，而是在承认个体化的前提下如何重建身份认同的过程。

农民的个体化过程中，虽然缺失了西方的社会福利保障和公民权的保护，现实生活中的农民群体之间、个人之间会借助各种手段和方式（地域、语言、亲属、朋友等）排斥其他的工人来维持自己的利益和地位。同时，个体工人也会求助各种亲属网络、家庭观念等具有传统性的路径来解决自己所面临的困境。而带有集体观念和认同的工人群体概念则被认为是可笑和荒谬的。农民并非如工人群体形成理论预设的那样形成一种工人的团结文化，而是龟缩到家庭、亲属关系或自我构建的关系网络中去，学者们称之为"新差序格局"或"庇护政治"。这种建立在利益基础上的关系圈是以圈外工人的利益受损来维护了圈内工人的利益。在消费意识形态的影响下，无论圈内还是圈外的农民都认可一种个人化的生存和认知，在这种情况下如何重建集体性的工人身份认同是一个极大的挑战。

工人身份的形成和农民的无产化密切相关，各种话语体系都把农民的命运指向工人，殊不知工人有其特殊的内涵。如果我们从农民无产化的历史末端来回望历史，会发现两种工人身份模式：一种是经典的工人身份，即马克思在《资本论》中描写的全世界受压迫和奴役的产业工人；另一种是在现代社会保障、福利制度、公民权利等制度策略包裹下的现代工人身份。如果从现代工人身份的模式来研究农民的归宿，总有一种临渊羡鱼的感觉。重要的是认识到这种模式形成的艰辛历程，其中夹杂着斗争、运动，甚至战争。其实，工人身份这个概念所承载的不仅是被规训和惩罚的屈辱史，与其相伴而生的是福利国家的形成、权利的落实、劳动法规的保障等各种劳资之间的妥协。特别是在消费的个体化时代，农民的集体个体化状态是最好的注解。

第一章 马克思社会理论：
以消费为核心的解读

社会生产力水平不断提高对社会治理能力和方式提出了更高要求。自改革开放以来，中国在市场经济发展过程中社会分工复杂化、商品不断增加，使得个体日益依赖货币与消费进行社会互动，人际关系的直接互动减少，陷入由物所塑造的虚假社会规范。这一现象干扰了个体与社会运行。

加强基层组织技术建设是完善国家治理体系和治理能力的重要抓手，而一味认为"物"的进步单向推动社会治理工作发展的观念与假设则有失偏颇。随着市场化和全球化进程的不断推动、通信手段的不断改善，使得社会成员的社会生活个体化倾向日益增强，人们日益依靠消费市场获取生活资料、开展社会分工，市场对人际交往方式产生巨大影响；同时面对面的社会交往方式逐渐萎缩，社会交往方式与规则面临巨大变化。"符号系统"通过消费品的力量干扰着个体日常生活关系网络和规则的塑造，同时迫使政府改变自身治理能力和理念。治理工作不应忽视消费品的符号化对民众日常生活的影响，同样不能过分倚重治理手段、技术的改善以一劳永逸地解决社会治理问题。新时代社会治理在市场经济的发展中不免面临"符号系统"膨胀带来的新挑战。反客为主的消费品，尤其是作为复杂科技集成的消费品意味着一种难以控制的社会干预手段自然形成，它是自成体系并影响社会整体运行的功能形态，商品种类的繁多意味着社会交往规则出现受物体影响的倾向。

在19世纪工业化浪潮中，工人们面对日益复杂的工业社会和资本主义生产方式的剥削急需一种简单与深刻并存的指导理论，借以指导自身斗争活动并改善生活状态，马克思主义就是工人阶级政治与经济权力需求的直接体现。大多数劳动者所获得的劳动剩余并不足以支撑劳动者作为群体完全理解社会结构的动态变化，因此马克思主义作为动员性理论必须重视对社会个体的教育，通过简单直白的阶级理论与政治经济学原理的通俗化教育提升社会行动者的理解力。我国自改革开放以来，各类思维方式与社会理念不断涌现，这是因为我国在发展过程中经历了生产力和生产关系的巨大变革，同时社会成员的经历来自国内外动态社会发展的巨大影响。近年来，随着经济发展和基础教育深化普及，民众对国内外事物认知能力逐渐提升，越来越多的人希望主动了解马克思主义的深刻内涵。马克思主义的重要贡献便是在生产力和生产关系、经济基础和上层建筑方面的明确，当教育抓住本质和事物发展的历史沿革时，便能更为有效地以少带多，从而推动个体了解社会发展的过程。个体与政府应当在社会发展程度日益提高的同时提升自身认知客观世界变化的能力，学习马克思主义，以更好地适应社会生活，推动社会治理工作进一步改善。

一、马克思消费的社会理论研究动态

在对马克思社会理论的已有解读中，"生产"被视为关注的中心和重心（Ritzer，2001）。实际上马克思和恩格斯于"消费"绝不是"失语"，相反，在《资本论》《1844年经济学哲学手稿》《德意志意识形态》《雇佣劳动和资本》等文献中就对消费领域的相关问题有重要论述。这些关于消费的社会理论论述虽然与现代消费社会理论有重要区别，但也深刻分析了消费对社会生活的重要影响，特别是推动了身份地位、文化认同与生活方式的转型。之后，诸多社会理论家从马克思主义的消费思想中获致学术灵感，从不同视角融汇和应用马克思主义的理论，部分回应了马克思关于消费的思想和理论（哈维，2006；列菲伏尔，2003；詹姆逊，2010；布迪厄，2015）。

这种思想深刻影响了法兰克福学派，在面对资产阶级文化工业的统治和压抑下，社会大众由于顺从和麻木，成了"单向度的人"（马尔库塞，2006）。法兰克福学派拾起了批判的方法，要打破"幻想的锁链"所遮蔽的剥削与统治的现实（弗洛姆，1986）。他们主要从文化上批判资本主义社会的虚伪性、欺诈性。文化在资本主义社会表现为工业化、系统化、商品化的特点，特别是文化工业的意识形态化。这种所谓的意识形态不仅是关于思想观念的学说，更重要的是一种实践的政治力量，可以生成幻象和神秘，使众人在压迫和剥削下变得心不在焉，把无道的权力形式掩盖起来或使之自然化或合法化，把资产阶级统治看成是顺乎天、应乎人的必然。这样更需要社会大众意识的觉醒，这种觉醒也是建立在对社会现实的批判基础上达到整个无产阶级意识的大爆发（霍克海默，2006；马尔库塞，2006；哈贝马斯，1999）。

张敦福（2020）把马克思主义社会理论研究纳入消费的视角，展开消费文化研究或消费的社会理论研究。同时建构一个突破西方消费话语体系、完善补充中国特色马克思主义消费社会理论体系。但理论研究的终极价值在于指导实践，为正确认识消费主义的传播和制定合理消费的具体政策提供决策依据。在对消费实践实地研究的基础上发现问题、制定相关的解决方案，提出应对策略。

国内外学者对马克思关于消费理论的研究呈现多元化态势。首先，批评马克思消费思想的时代性和局限性。有学者认为马克思的生产方式理论已经不再能够充分解释以商品增值为主要特征的现代消费社会的发展，只有借助符号学理论才能解释消费在当代资本主义社会生活中的地位和作用。物品的消费已不再因其物质特性，而是因其符号特征，是人与物品之间的关系结构本身，这种关系已延伸和弥漫到当今社会的各个层面（德波，2006；波德里亚，2008）。同时，国内学者对此进行转述、阐发、评介（仰海峰，2004；高亚春2007；夏莹，2007）。

其次，被动继承转述马克思消费思想。朱晓慧等全面地概述马克思关于资本主义条件下消费本质、商品拜物教、异化的论述，西方马克思主义对马克思消费观的拓展和延伸。朱晓慧等认为西方马克思主义者对异化消费、消费主义和生态危机的反思和批判，深化了马克思主义消费文化理论（朱晓慧，2008；蒋建国；2007；黄力之，2008）。

再次，积极肯定马克思消费理论和现实意义。Ben Fine（2002）、张一兵（2006）在分析了历史上的消费和消费主义后，认为要返回生产中才能更好地理解消费文化和机制。Slater（1997）在消费文化研究中重新求助于基本问题和现代性概念，引用马克思的论述，对消费品的使用价值、交换价值、消费需求等展开进一步分析。Daniel Miller（1987）重新尝试把黑格尔的客体化理论应用于他命名的"物质文化"，并认为马克思的消费研究曾经占据主导地位。Renton（2001）把马克思论劳动异化、马克思论金钱的魔力、马克思论面包的生产作为马克思讨论商品与消费主义的三部分。Korkotsides（2007）对消费的资本主义文献做批评性评估时，以"马克思、马克思主义和消费"为小标题，论述了马克思、马克思主义在消费问题上的政治经济学贡献。

最后，拓展马克思主义消费理论的领域。学者们把马克思主义放在新的经济社会情境下分析和探讨其中的消费问题。潘毅（2003）把消费视为资本的逻辑和工厂体制与政治力量合谋的结果；张敦福（2015）对生产、消费和消遣展开论述；王宁（2014）分析了消费主义作为一种文化力量如何促进地方产业转型升级。Magagna（1989）把阶层分析应用在消费领域，认为在社会主义社会中存在一个消费的不平等，即：享有消费特权的人群和普通的消费大众之间的不平等。

二、商品拜物教式消费的社会理论

马克思生活在工业化的初级阶段，生产被视为社会的核心内容，而消费被认为是生产的从属和最后的环节，是生产的完成形态。"生产把消费的动力、消费能力本身当作需要创造出来。"（马克思、恩格斯，1972：9）

马克思具有明晰的历史洞察力："从前的一切唯物主义——包括费尔巴哈唯物主义——的主要缺点是：对对象、现实、感性，只是从客体的或直观的形式去理解，而不是当作人的感性活动，当作实践去理解，不是从主体方面去理解。"（马克思、恩格斯，1995：58）马克思从历史唯物主义的视角阐释了人的生活性、关系性，对人的关注贯穿他思想的始终，在其早期的浪漫主义情调、青年时期人道主义的关切、晚年历史唯物的解析都透露出浓郁的人的复归的主题。这一思想在他对商品这一经济现象的社会学讨论中得到了充分的体现。

在马克思的话语中，商品是资本主义的细胞，是资本主义生产社会财富的具体表现（马克思，1995）。马克思从经济的细胞——商品，分析整个资本主义的关系，商品的结构隐藏着整个社会的结构，这主要体现在他的"商品拜物教"观点。他认为，商品经济发展到一定水平，即资本主义商品经济时期，商品拜物教就出现了。拜物教源于图腾崇拜，如果说这种现象的产生在蒙昧时期是因为生产力的低下和人认识能力的局限，那在今天也产生类似的现象又是因为什么？马克思从商品的构成入手，把劳动作为分析起点，认为劳动创造价值，是社会财富的主要源泉，这是其一以贯之的主线。

马克思从商品的价值和使用价值的二重性出发，认为商品的使用价值是人的具体劳动，人通过自己的劳动改变自然的物质形态，其目的是生产出满足需要的劳动产品，只有这样才证明自己是社会分工的一部分。因为社会分工的存在，人的生产变得十分狭隘，并导致个人不能满足自己的所有需求。在整个社会生产过程中，个体为社会生产，社会也为个体生产，所以一个人只有证明自己是社会分工的一部分，把自己的劳动产品和别人进行交换，才能确保自己的生存及意义。使用价值是商品的承载，而价值是商品的实体，是商品进行交换的基础，是劳动的抽象形式凝结在商品中的无差别的人类劳动，这个形式没有质的差别，只有量的差异。这样，多样的具体的商品形式的"多"被转换成抽象的"一"，使商品能进行交换。生产的推进和交换的扩张催生商品拜物教，从而使人与人之间关系获得一种幽灵般的物的对象性。这种对象性以严格合理的"自律性"掩盖着人的本质，抹杀了人与人关系的所有痕迹。物的关系的运作埋没了人的现实性，人的关系只能透过物的关系来洞悉，商品因此变成万能的，超越了人的控制，并在人之外形成"第二自然"压迫着人，人只能认识利用而不能改造它。当然，这种形式的产生是人类社会发展的必然产物，是人类追求理性和效率的必然结果（马克思，2004）。商品拜物教大大促进了物的丰富和财富的急剧增长，但反映的是人造的产物宗教化和人与人之间社会关系的虚幻化。

随之出现的货币拜物教和资本拜物教也是此种道理，即个人已逐渐衰落，直至隐藏在商品、货币和资本的社会结构中。从交换的进一步扩展到作为一般等价物的出现，直至固定为金银等贵金属，货币在这个过程中产生，人的异化由此进一步加深。如果在商品拜物教中还能通过透视物与物的关系来寻觅人的关系，那在这里就只剩下了空洞的"一"了。作为中介的货币成为上帝，把各式的商品齐一化，使物品使用价值的边界被消解，人的差异性和不可替代性也因此消解，让个人在货币的熔炉中更加难以辨认，展现的只是一个仅在货币量上存在差异的同质世界。当追逐货币的工具性价值彻底丧失，为货币而货币，为货币的增值而重组社会时，资本就出现了。资本是商品发展到一定阶段的产物，"商品流通是资本的起点。商品生产和发达的商品流通，即贸易，是资本产生的历史前提"（马克思，2004：171），它同社会关系的变革一起降临。所以，资本不仅仅是指货币的增值，更是指一种社会关系和社会的历史条件。这种历史条件是指生产资料的所有者和劳动力的所有者分离，而这种社会的关系使劳动者的境况更加微妙和令人担忧。马克思分析了资本总公式的矛盾，指出价值的源泉是劳动力，建立了剩余价值的基础。资本的力量更加怪异，它重组社会，让资本家为了价值增值而不惜使人物化，从而使人的异化达到极致，并最终彻底统治了人。

马克思反对商品、货币和资本拜物教的意识形态化，同时也反对各种形式的压迫。他设想的社会体现的是直接的人与人的关系，不需要任何的中介（如图腾、宗教、商品和货币等），因为任何中介都容易被片面化和意识形态化，从而使人与人的关系虚幻化。但现实中的中介却高高在上，使社会生活齐一化，人的东西变成非人的东西，非人的东西却属人化了。马克思因此提出，要消除商品拜物教，首先就要消灭私有制和社会分工，在生产资料公有制的基础上共同劳动、共享劳动成果，使人的本质复归和人的关系复原，国家、社会及一切东西都属人化，这样才能使直接的、现实中的人主导整个世界。

三、马克思消费的社会理论二重性

马克思关于消费的社会理论包括两个层面：其一是有形的物品消费，

其二是无形的闲暇消费，这两者都对工人的生产和生活有重要影响。在工人日常活动中，闲暇时间被消费因素（消费的欲望、商品的购买等）所充斥，缺失了工人自己的活动方式，呈现异化的状态。工人试图通过消费来改变身份认同的幻想最终会破灭，因为他们所践行的只不过是资本的逻辑，也恰恰在这个过程中工人自身的认同、目标、活动也逐渐遗失了。

（一）消费的有形之物象征意义

1. 消费——文化意义的解读

以物作为媒介来探究人与人之间关系并彰显社会的结构，这是物质文化研究的一个主要特点。物就是指具体的事物，而文化则是通过这个物折射出来的人际关系，也就是说，在消费的活动中，人与人关系通过物的形式表现出来。我们把消费视为物质文化的具体表现时，物的消费所承载的就是它的社会意义，而不是它有什么样的实际功能、什么样的外观和形式等。同时，消费也可以被视为一种仪式，其"主要功能是让一系列进行中的事件产生意义"（罗钢，2003：61）。这里我把消费的内容分为两种形式，一是有形的物品消费，另一种是无形的闲暇消费。

起初，人们对消费一词的解释是："毁掉，用尽，吞掉，吃光或喝光。"事实上人类在消费时不仅仅是对物品本身的消耗，"如果一个人主要是像这样从吃喝上获得满足和快乐的话，那他就很可悲，因为这表明他要么过于贫困，要么过于贪婪；表明他是穷人，……"（鲍曼，1990：211），更重要的是对附着在物品上的意义彰显。这种意义是对社会结构及不平等的复制，它体现在吃、穿、住、行等日常生活的各个方面。"商品可以作为社会地位的标志，或者说商品体现社会地位，传递了人际间的相互影响"（卢瑞，2003：13）。凡勃伦也认为消费是一种实践活动，消费者试图通过商品来确证自己的身份。消费展示的是不同社会群体之间的竞争合作关系（凡勃伦，2004）。可见，消费在建构个人身份和地位时起着非常重要的作用。萨林斯甚至借用图腾的概念来描绘这个现象，他认为原始的部落都有对山川花鸟虫鱼等万物的崇拜，这些事物后来成为区分不同部落群体的图腾。在消费社会中，人们崇拜的客体只不过用生产出的商品置换了自然事物。换句话说，被生产的人工制品成了现代社会中的图腾，不同消费群体就相当于原始社会中的部落。这样我们可以根据不同的服饰、住所、交通工具等来区分个人所属群体，人成了挂在消费之网上的动物。

鲍德里亚把物的符号意义的自我运行推向极致，他认为物的符号意义替代了真实之物，符号在相互指认的结构中形成一个完美体系。这个符号体系通过不断地分裂、组合和自我再造，生产和再生产了社会结构（鲍德里亚，2006）。我们只能根据这个符号系统的变换来找寻自我的归宿，虽然我们不了解这个抽象的符号体系，却在它的引诱下不断前行。人类自以为在历史中创造着一件件物品，并用它们作为交流、指意、表述、建构的工具，实际上，如今人类却受制于它，按照它的旨意行事。总之，我们的身份已经成为消费模式的同义词，而消费模式是由我们以外的东西（符号系统的自我运行）所决定。这里"意义的逻辑代替了生产的逻辑。我们已经从以商品形式占主导地位的资本主义发展的阶段进入到以符号形式为主的阶段，这样消费不应理解为和使用价值有关的物质用途，而是作为意义，主要和符号价值相关。"（卢瑞，2003：63）

2. 消费的身份置换了身份的消费

现代性的消费方式打破了基于等级制形成的传统社会消费方式。在传统社会中，身份和地位是消费的基础，权力等级的高低决定了日常消费模式。在这种情况下，任何人不能随意消费超出自己所属群体等级的物品。比如古代欧洲，整个社会由僧侣、贵族和平民三个"等级"构成。基于这三个等级序列的人群通过各自的消费品来展示自己的身份，表现在住所、服饰、食品等生活的各方面（汤普逊，1977）。同样，我国古代社会的等级地位也是根据消费品区分的，这种现象在儒家的"礼"上表现得十分明显。"儒家鼓吹的理性封建秩序是贵贱、尊卑、长幼、亲疏有别，要求人们的生活方式和行为要符合他们在家族内的身份和社会、政治地位，不同的地位有不同的行为规范，这就是礼。礼具有鲜明的层级性和差别性。礼即是赋予差别性、因人而异的行为规范，所以'名位不同，礼亦异数'。每个人都必须按照他自己的社会、政治地位去选择相当于其身份的礼，符合这条件的为有礼，否则就是非礼。"（瞿同祖，1998：383-384）在这种等级观念的基础上，对不同群体的衣、食、住、行、用，甚至人的生、老、病、死等消费的细节方面都有明确的规定。例如对住所消费的规定："天子之堂九尺，诸侯七尺，大夫五尺，士三尺。"（李靓《礼记·中庸》）关于服饰的消费，《礼记》中对衣着等级做了明文规定："天子龙衮，诸侯黼，大夫黻，士玄衣纁裳；天子之冕，朱绿藻，十有二旒，诸侯九，上大夫七、下大夫五，士三，以此人为贵也。"甚至对于衣服的颜色都有明确规定，在清朝，官服除以蟒数区分官位以外，对于黄色亦有禁例。如皇太子用杏黄色，皇子用金黄色，而下属各王等官职不经赏赐绝不能服黄。

随着大众消费的来临，现代社会在本质上是流动性频繁的陌生人社会，所以基于传统"乡土社会中"的情感、稳定的身份认知与人进行交往变得举步维艰。在人际交往过程中大都根据一个人的消费方式来确定他的身份序列。这里最主要是由于在消费社会中，消费品在建构身份中的重要作用，这种建构不是基于明确的等级序列，而是基于消费品的意义逻辑来建构个人的身份认同。它有以下特点。第一，消费方式建构身份的过程中不再强调等级差异，而是强调消费品位的差异。等级社会中的身份认同是在阶梯结构中选择自己的位置，而大众消费社会中的身份认同是在网状结构中寻找自己的位置。第二，自我感或群体疏离感。强调个性化和满足自我实现的需要。第三，消费社会中的身份体系有较强的不稳定性。（姚建平，2006）

（二）消费中的无形之物——闲暇时间的象征意义

当我们把无形的闲暇时间拉入消费文化的视野，就会发现闲暇也是一种社会区分的指标，更能折射出社会结构的现状和变迁。也就是说，人们不仅使用有形的物来区分不同的群体，无形的时间也是造成社会区隔的一种重要方式。当然这里所指的不是纯粹物理意义上的时间观，而是富有社会文化意蕴的时间观。

恩格斯把人们的生活分为生存、享受和发展三部分，为生存所需的时间为劳动时间，而用于享乐和发展的时间为闲暇时间。马克思从社会必要劳动时间和剩余劳动时间的区分，阐释了商品、资本和整个资本主义制度，并争取把剩余劳动劳动时间归还给工人，使人摆脱异化最终实现人的复归。马克思认为，"社会工作日中用于物质生产的必要部分越小，从而用于个人的自由活动，脑力活动和社会活动的时间部分就越大"（马克思，2004：605）。阿伦特对此持否定态度，她区分了劳动、工作、和行动三个概念并对其进行了阐释，最后指出即使人有了闲暇时间也不会实现人的全面发展。闲暇的出现虽然标志着人类脱离了劳动必需性的压制，但同时走向了另一个必需性的旋涡——消费（阿伦特，2009）。人类从追求生活必需品转移到追求多余的奢侈品，最终世界会被消费吞噬而毁灭。所以阿伦特提出行动的理念——超脱人谋生的动物性，用行动和言行来彰显人的德行，以一种积极的生活态度实现人的自由（阿伦特，2009：178）。为了更好地对闲暇时间进行认知，需要进一步梳理闲暇时间的研究脉络。

对闲暇的理解和认知贯穿整个人类文明，从柏拉图（2007）对正义和理想国的探索到亚里士多德（2009）的"休闲是一切事物环绕的中心"，以及到后来的斯多哥学派、犬儒主义和伊壁鸠鲁派都有一个共通点是崇尚自然闲暇的生活。他们深信良好的秩序是上天安排好的并能通过良善意愿达到，提倡肉体的欲望要受控于人的理智，以追求一种内心的宁静（罗素，2009）。但由于受当时生产力的限制，这种闲暇是属于上层人士的特权，他们过着一种"政治生活""善的生活"（亚里士多德，2008）。可见闲暇在古希腊时期是公民身份的、自由人的象征。

随着社会步入近代，生产力的发展和社会转型大大地推动了人们对奢侈品的追求。人们拒绝了古典观点——把对个人欲望的追求与"怯懦""柔弱"连在一起（贝里，2006）。民众开始追寻世俗生活和对自由的向往，而人自由发展的一个条件是闲暇时间的出现。同时，人们对闲暇的追求也伴随着资本主义的发展过程，在马克思那里表现为工人对限制工作日的斗争，他认为工作日取决于两点："第一，劳动力的身体界限；第二，工作日的延长受到道德界限。工作日在身体界限和社会界限之内变动"（马克思，2004：269）。

凡勃伦认为，从古希腊哲人时代起直到今天，那些思想丰富的人一直认为要享受有价值的、优美的或者是可以过得去的人类生活，首先必须享有相当的余闲，避免跟那些为直接供应人类生活日常需要而进行的生产工作相接触（凡勃伦，2004：32）。这里凡勃伦把生产劳动污名化，将其视为低人一等、劣势地位等。他把奴仆、家居的布置与烦琐的礼仪制度视为有闲的标志，也是自我炫耀的方式。所以凡勃伦说"有闲"这个字眼，指的并不是懒惰或清静无为，而是非生产性地消耗时间。这样，闲暇就从作为追求卓越的条件降到彰显世俗身份地位的方式，仅仅是对自己身份的一种确证。闲暇时间的充裕形成了一种无形的财产权，它和有形的物一同建构了这个社会的结构和人与人的关系。

近代随着时间概念的发展，出现了休闲学说，这种学说区分了空闲和休闲的不同意义。皮珀从哲学的高度重新阐释了盈余时间对人类生存和发展的重要性，并声称休闲是文化的基础，人之所以受物的奴役而不能自拔，主要源于人与世界的功利主义思想——工作的伦理。人之为人不能仅满足于工作的迫力，更重要的是享受内心的平静并达致人的完满，这需要休闲的哲学，对人心的、人性的陶冶。他要建立一种新的文化来取代已经日显破坏力的工作文化，这就是闲暇文化，认为"工作只是手段，闲暇才是目的，有了闲暇，我们才能够完成更高层次的人生理想，也才能够创造更丰富完美的文化果实"（皮珀，2005：3）。

　　古德尔和戈比区分了空闲和休闲的概念①，认为空闲是一种空洞的时间概念，而休闲不是一种纯粹的时间概念，更不是一种摆脱外在限制的自由，因为这都反映出人的内在贫困。休闲是在休闲哲学指引下，关注人内在的自由和宁静的生活方式，包括空闲时间和精神状态两方面内容（古德尔、戈比，2000）。

　　凡勃伦的有闲是一种身份的象征，也是一种文化制度的压力，在蔑视劳动的前提下形成一种有闲的意识形态。这种意识形态对一个拥有财富和权力的群体认同具有重要作用。皮珀、古德尔和戈比事实上从哲学的角度解析休闲的内涵，并将其与空洞的时间（空闲）区分开来。当他从古希腊到清教徒到近代思想史中探求休闲的原则时，实际上和劳动者的闲暇是无缘的。不论是凡勃伦书写的有闲，还是古德尔哲学意义上的休闲，都不能更好地解释普通劳动者群体的闲暇的真实状况，以及他们闲暇时间的作用。

　　闲暇的不平等分配和有形物的不平等分配是同一个社会区分过程的两个方面。社会的不平等不仅体现在生产领域的产品分配的不平等，在消费过程中的无形时间分配上也表现出明显的断裂。这种断裂不仅表现为时间数量上的多少，更重要的表现是时间所包含的意义和所要传达的社会内容。

四、小结

　　目前学术界大多研究都集中在文化批判和后现代哲学领域对马克思主

---

　　①　一方面，因为空闲是用小时、天、周等时间单位来度量的，所以时间就显得很重要；另一方面，空闲时间标志着一种与工作相脱离的状态，所以工作也被人们当成一个重要的时间概念。工作是空闲时间的反义词，却不能作为休闲的反义词。休闲不仅是一种观念，更是一种人生状态和理想（古德尔、戈比，2000）。

义消费的研究。借助于客观主义研究方式，将所有工业消费品归到文化统治观念之下，推导过程仅仅是一笔带过地谈论商品消费的罪恶。相关的研究大都停留在理论探讨、分析或相关的调查报告上，缺少相关的实证研究和理论创新。

更为重要的是搜集整理现代和后现代的马克思主义者对消费论述的中文和外文文献，阐述其继承、发展关系。系统的梳理文学、哲学、社会学、人类学、经济学等领域对马克思主义关于消费理论的研究，同时选取对世界和中国现实问题有解释力和指导意义的消费理论进行重点论述。把马克思主义关于消费的社会理论置于历史视野和具体的社会情境中进行讨论，否认消费社会的单一模式。用马克思的历史唯物主义理解消费的多样性和文化的差异性，对传统消费、现代消费和后现代消费进行探讨，分析生产、消费、文化三者之间的关系。

所以，要把马克思主义社会理论研究纳入社会学的视角，展开消费文化研究或消费的社会理论研究。从历史演进和社会变迁的粗线条描述，从理论进路的宏大叙事思考马克思主义在消费领域的理论贡献。对马克思主义和马克思主义者（包括古典的和现代的）关于消费的社会理论做系统、深入的梳理。同时，将马克思主义关于消费的理论视为不断完善、发展的历史过程，其适用性也在随情境而变化。本研究将结合中国历史和现实，在研究取向、兴趣、路径等方面重视消费主体和主体性、消费的社会与文化差异、物与商品的社会生命和社会意义，对马克思主义关于消费理论进行解读，完善补充中国特色马克思主义理论体系。

第二章　从马克思到鲍德里亚：
商品消费与符号消费

　　长期以来，消费要么被认为是理所当然、熟视无睹的，要么被认为是私人的纵欲或节俭。在消耗、消灭、毁灭、浪费等意义上，消费也被妖魔化和污名化，学界因而也曾经对之漠不关心。但学术的思想和创新此时却从这些稀松平常、细微琐碎的消费领域、被人容易忽略的日常生活等方面获取进展。近些年消费文化研究、消费社会学和消费人类学领域的异军突起就是一个富有说服力的见证。

　　事实上，消费是一种伴随着人类社会的永恒现象。起初，从原始人的"夸富宴机制"到中世纪贵族的消费特权和捐赠行为是少数人的权利，这些现象建立在神圣—世俗二元对立的基础上。在朝圣般的观念指引下，世俗的奢侈能成就个人超越时间的永恒存在。在此过程中孕育了艺术、组织等文明的萌芽。到18世纪，中产阶级的壮大、社会生产的扩张，消费的权利逐渐向社会扩展，神圣的观念逐渐消失。人们的消费建立在个人主义基础上，追求世俗的快乐和享受。奢侈成了社会群体进行认同、攀比、感情的满足和宣泄的重要途径。特别是到 20 世纪，奢侈品的全球化和面向大众的品牌战略，奢侈便成为每个人的权利，一个大众行为（利波维茨基，2007；桑巴特，2005）。

随着 19 世纪以来资本主义经济危机的周期性爆发、工人斗争的升级，学者们开始对整个资本主义制度进行反思。米勒提出，资本主义制度教会了人们如何更有效率地生产，却没有教会人们怎么消费（Miller，1987），生产和消费的矛盾日益突出。这样资产者不仅把生产者看成劳动力还看成消费力，并通过媒体、日常活动等形式构建一个与生产系统遥相呼应的完美消费系统。消费就变成一种制度、一种统治策略，一种为了使自己的社会体系不致在危机中毁灭或者明证自己合法性的治理术。这样对国家的治理、对人民的控制并非建立在福柯"全景监狱"的方式上，而是一种温和的、自觉服从的方式。同时，工人似乎对消费过程比生产过程更加有兴趣（James G. Carrier and Josiah McC. Heyman，1997）。生产的推进也把消费的方式推进现代，消费引导着生产，消费社会的形态也悄然产生。

19 世纪 70 年代末对消费的研究开始兴起，对其的研究以符号学分析为基础。把客观物体的结构视作符号象征，它承载了广告商和消费者赋予其的意义。由于符号承载了意义，客观的物体才把人与人之间以及他们的生活的各方面区分开来。正是符号的这些意义把男性与女性、工作与休闲、年轻人、成年人或老年人区分开，也能把不同的场合区分开。这种研究取向明显受到结构主义的影响。其主要代表人物包括：鲍德里亚、布迪厄、道格拉斯和伊舍伍德、萨林斯。

鲍德里亚以符号学分析为主线是非常清晰的。他用结构主义的视角重读马克思导向了宿命论的结论，认为消费是一个不指涉物质性的符码自我运行的体系并产生差异化的过程（Pun Ngai，2003）。消费是一种符号意义的系统，是物的有用性升华到符号系统差异性的结构。正如他说，"要想成为消费对象，物品必须成为符号"（布希亚，2001），这样被消费的就不是物的物质性，而是物的差异性和区分性。这里他把物的使用价值上升为物的符号价值，同时也隐含了深刻的社会结构。物的符号价值才是其根本性的，而物的使用价值仅仅是其发挥作用的前提和保证（鲍德里亚，2009）。因为他认为消费的理论并非建立在人的需要和满足的基础上，而是一种文化制度、一种社会的回馈机制。无论是原始社会的"夸富宴机制"还是凡勃伦意义上的"炫耀性消费"都并非是关于人的需求的消费现象，而是关于社会等级的彰显。以此来表征物的符号意义的重要性，他进一步论述说"夸富宴已经消失了，但他们的原则并没有消失，它作为物的社会学理论的基础而被保留了下来"（鲍德里亚，2009：4）。这个保留下来的就是物的区分和等级的意义，就是人们通过消费物，根据物的社会意义、等级序列来塑造自我的过程，人成了挂在消费之网上的动物。所以他认为，"人们从来不消费物本身（使用价值）——人们总是把物用来当作能够突出你的符号，或让你加入视为理想的团体，或参考一个地位更高的集团来摆脱本团体"（鲍德里亚，2008：41）。由于在任何社会中差异的、区分的意义不会终结，消费的过程也无终结之日。

这种结构主义的方法在萨林斯那里得到更好的展现。他攻击马克思主义的经济基础决定上层建筑的倾向，认为是文化并非经济具有中心性，因为正是文化决定了人的"需要"并形成生产的动力（萨林斯，1976：179）。在讨论美国服装文化结构类型时就有这种结构性的取向。服装的体系反映了"构成文化顺序的基本的时代观念、地点和人物"（1976：181）。这里，萨林斯回应鲍德里亚，认为这种服装的分类范畴并不是由"所说的年龄群体或者社会阶层的范畴"所决定的（1976：181）。相反，这种不同类型的服装体系生产和再生产了"社会单位间的不同意义"（1976：181）。

鲍德里亚和萨林斯的这些文本都更加具有结构主义和符号学分析的特征。道格拉斯和伊舍伍德虽然与之相类似，但在研究取向上有所差别。他们更加关注赋予客体意义和重要性的社会过程，某些事物具有显著价值并非展示符号的意义，因为拥有这些事物的家庭比没有这些事物的家庭在日常生活中更具有灵活性，在与外人的交往中更加自如和谨慎，因此更有能力维持他们所期望的社会关系。例如：电话使交流更加容易，冰箱减少了日常供给所需要的时间。正是这个过程，物品的符号意义慢慢地被建构起来并广泛传播（罗刚，2003）。总的来说，尽管道格拉斯和伊舍伍德与鲍德里亚和萨林斯一样都对客观事物的意义感兴趣，但他们更关注这些意义和人们的社会实践与社会策略之间的关系。在他们看来，人们使用客体时比在鲍德里亚和萨林斯那里更具有主动性。

布迪厄的著作较少具有符号学的特征，他追求的是一种更为复杂的消费倾向，在某种程度上说，这种倾向更具有社会的取向而非文化的取向。他利用阶层、惯习、实践、品位、资本等概念建构了一个更为动态化的消费过程。这种消费的社会分析是以品位为基础的，而品位是受社会结构制约的。比如：受生活必需品的驱使，特别是不熟练的体力劳动者与那些不受制于生活必需品的各种精英群体之间的品位是不同的。前者以感官的形式看待客观事物，并且以即时的、粗俗的视角来评价它们。后者则倾向于通过知识的、美学的视野来看待客观事物，并以深思的、复杂的视角来评价它们（布迪厄，1984）。在布迪厄这里，社会结构的因素在消费的过程中超越了符号意义的作用。

后来学者批判了这种结构主义的研究方式。认为消费应该置于其特定环境下进行研究。阿帕杜莱引进了一系列很有影响力的案例研究（罗刚，2003）。在1987年米勒提出了完整的消费理论，他运用马克思和齐美尔的理论重铸了黑格尔的哲学，并且将其作为探讨当代消费的方式。米勒将消费置于分析文化的术语——客观化下。因为他强调了消费者使商品重新社会化的潜在积极角色，对媒体研究和设计研究有重大影响，这从强调生产者转向了消费者。认为由于批量生产的大众消费在全球的扩张，意味着人们逐渐通过这些商品来定义他们自身、他们的文化和他们的世界（米勒，2010）。

一、马克思从商品的视角检视生产社会

马克思和鲍德里亚虽然生活在不同时代，但他们都从各自时代的现实问题出发，最终都是在探讨人的安身立命问题，其解决之道是回归现实和社会关系。马克思从物质性力量所建构的生产体系出发，延展到对商品世界的分析，关注的是社会和人，并把自由人的联合体作为自己的理念追求。

在鲍德里亚眼里，消费社会是依靠符号的完美逻辑体系及其欲望策略对人进行的奴化，他对物体系和消费社会的分析和探讨最终回归到一个象征性交换价值为基准的社会状态。

鲍德里亚与马克思关于消费的社会理论之间的关联，尽管已经有了一些讨论和分析，仍然值得我们重新梳理、探讨和评估。我国学术界对鲍德里亚批评多于赞扬，我觉得这些带有感情色彩和价值偏向的批判大都是名不符实的，是以马克思主义的理论逻辑为基准对其进行鞭笞。本书并非为鲍德里亚正名，而是试图比较马克思和鲍德里亚的理论的出发点和归宿，发现他们的异曲同工之处和共同关注的焦点。鲍德里亚是否超越马克思主义的思想并不重要，重要的是他们两者的思想都能给我们提供一种看待日常生活的视角，并且都关注的是人何以安身立命的问题。只不过他们给人类救赎开的"药方"不一样，马克思是面向未来的乐观主义视野，鲍德里亚却返回到了经典、回到了象征交换的浪漫主义视域。

分析商品以及马克思的整个理论脉络我们不能不从马克思的《资本论》出发，因为这是他成熟时期的作品，同时也反映了他对整个资本主义的看法。他在《资本论》的序言中提到"我要在本书研究的是资本主义生产方式以及和他相适应的生产关系和交换关系"（马克思，2004：8）。那么马克思对这个资本主义制度的态度是怎样的？"在其他一切方面，我们也同西欧大陆所有其他国家一样，不仅苦于资本主义的发展，而且苦于资本主义生产的不发展。不仅活人使我们受苦，而且死人也使我们受苦。死人抓住活人。"（马克思，2004：9）可见马克思对资本主义的发展爱恨交加，哀其不幸，怒其不争。后来马克思以一个旁观者的态度道出自己的观点："一个国家应该而且可以向其他国家学习。一个社会即使探索到了本身运动的自然规律，它还是不能跳过也不能用法令取消自然的发展阶段。但是它能缩短和减轻分娩的痛苦。"（马克思，2004：10）他在第二版的跋中说："辩证法对每一种即成的形式都是从不断运动中，因而也是从他暂时性方面去理解；辩证法不崇拜任何东西，按其本质来说它是批判的和革命的。"（马克思，2004：22）历史的发展有其自然规则，与感情无涉。

诚然，历史如马克思所言是一种不可抗力推进的自然历程，那么人类的一切与之相悖的努力都会在这个不可抗力的车轮下被碾为粉末。马克思理论的意义恰恰是对这个历史自然过程所做的注解，在于给予活着的人认识历史必然性的路径。马克思所研究的资本主义生产方式只是一个表象，他的工作是拨开这层厚重的迷雾看到活生生的个人。如果没有这些关怀，他所做的这些工作除了是对历史的一种素描外并无其他意义。正像他在《＜黑格尔法哲学批判＞导言》中对宗教的批判一样，"宗教批判摘去了装饰在锁链上的那些虚幻的花朵，但并不是要人依旧带上这些没有任何乐趣任何慰藉的锁链，而是要人扔掉它们，伸手摘取真实的花朵。宗教批判使人摆脱了幻想，使人能够作为摆脱了幻想、具有理性的人来思想，来行动，来建立自己的现实性；使他能够围绕着自身和自己现实的太阳旋转。宗教只是幻想的太阳，当人还没有开始围绕自身旋转以前，它总围绕着人而旋转。"（马克思、恩格斯，1995：2）基于此，我们才能分析马克思写作《资本论》的逻辑结构和价值诉求。

《资本论》的序列结构是从商品拜物教到货币拜物教最后到资本拜物教，这种近似的意识形态表述了人的真实社会关系，却建立在商品、货币、资本这些世俗事物的基础上。这个不断推进的过程既是一个自在的历史的过程，也是人不断淹没在客观物的过程，更是个人异化不断加深的过程。马克思最终要实现人的真正复归和自由，他要把人从虚幻关系的重负下解放出来，甚至比任何思想家都要彻底。商品、货币、资本不只是一种客观的实体，而且是负载着沉重社会关系的客体。

这里主要指的是劳动的非人化，当属人的劳动降格到维持肉体存在的手段时，劳动就沦丧为资本的奴仆，同时也创造了奴役自己的主人和手段。"工人生产的财富越多，其劳动产品的力量和数量就越大，工人就越贫穷。也就是说，工人创造的商品越多，劳动自身就越变成廉价的商品。物的世界的增值和人的世界的贬值成正比。劳动生产的不仅是商品，它也生产作为商品的劳动自身和工人，而且是按它一般生产商品的比例生产的。"（马克思、恩格斯，1995：40-41）马克思分析了个人不断消亡在社会关系中，"设想一个自由人的联合体，他们用公共的生产资料进行劳动，并且自觉地把他们许多个人的劳动力当作一个社会劳动力来使用。在那里，人们同他们的劳动和劳动产品的社会关系，无论在生产上还是在分配上，都是简单明了的"（马克思，2004：96）。人的关系的复归同时也是人的复归，这正是马克思的著作《资本论》的逻辑归宿。资本的平静外表下隐含着深刻的现实基础，这个现实既是对资本主义生产方式本身的痛斥，更是对个人主体性的关注和颂扬。"从资本主义生产方式产生的资本主义占有方式，从而资本主义的私有制，是对个人的、以自己劳动为基础的私有制的第一个否定。但资本主义生产由于自然过程的必然性，造成了对自身的否定。这是否定的否定。这种否定不是重新建立私有制，而是在资本主义时代的成就的基础上，也就是说，在协作和对土地及靠劳动本身生产的生产资料的共同占有的基础上，重新建立个人所有制。"（马克思，2004：874）马克思又一次重申对这种历史的不可抗力的冷眼相待的态度，对那种在资本原始积累的过程中自由劳动者的苦难、有产者的狡诈、社会关系的重构怀有一种复杂而无奈的情感。他站在劳动者的角度使他们认识到资本主义制度的深层结构和自己的劳动价值，还在与各种思想做斗争的同时给后发展的国家一剂清醒剂，减轻资本分娩的苦痛期。他不仅要改造工人，还要改造资产阶级，这是历史的宿命，也是人的宿命。

二、鲍德里亚从意义的符号系统解析消费社会

上面我们分析了马克思基于生产逻辑对商品的研究，他认为商品的关系遮蔽了现实中人的关系，然而这却是个不可避免的历史进程，我们所能做的就是在铁的历史规律下对个人命运的凄情或者关怀，同时马克思主义是建立在历史唯物主义的基础上的，由于对人类的理性和历史规律的信任和乐观的态度他指给我们一条历史的归宿——共产主义。当我们反过来考察鲍德里亚的思想时，他给出了另一个人类在面对绝境时的另一种救赎的方式——回到经典，回到象征交换。

然而在我国对鲍德里亚的批判学术界大行其道。有学者认为鲍德里亚误读了马克思，更重要的是他把符号总体化、抽象化了，这样打破了生产之境使之变成了覆盖一切的符号之境，这个世界剩下的就是一个除却真实和主体的死亡的符号沙漠（仰海峰，2003；夏莹，2009；李涛，2011）。有学者认为鲍德里亚是依据草根浪漫主义搭建起来的他性理论构架，并且

试图彻底取代马克思物质生产的前提，埋葬整个现代人类生活。甚至声称其不懂马克思，虽然鲍德里亚否定了生产，但最终并没有超越马克思主义的框架（张一兵，2010；余源培，2008；李怀涛，2008；刘维兰、刘维春，2010；宋德孝，2009）。由此可见，对鲍德里亚的批评主要集中于两点：第一，鲍德里亚无视生产的过程从而遁入了符号的世界，在这里符号君临天下并建构了意义和存在，真实之物的死亡带来了虚无的蔓延；第二，用马克思主义甚至是经过阐释的马克思主义来批驳鲍德里亚，但有一点是最能证明马克思主义辩证法的，当我们将其置于宗教的神坛时，也就丧失了马克思的真意从而变成了伪马克思主义。对于第二点批评，作为学术争论可以忽略掉，因为这本来就不成为一个学术争论。对于第一个批评，鲍德里亚是否忽视了生产的重要性、忽视了现实中的关系，需要进一步分析他的著作。

鲍德里亚对物的关注从其《物体系》中就流露无遗，他对功能物和象征物的分析以及对范畴与序列的阐释叙说了随着社会的变迁人与物的关系也发生了变迁（布希亚，2001）。这样对物的有用性（使用价值）关注也贯穿了他的学术生涯，在他的理论中使用价值也是一种生产关系，并非作为一种抽象的客观性而存在，而是作为"抽象的社会需求力"而存在（鲍德里亚，2010），这里恰恰是马克思所忽视的内容。物的使用价值并非对每一个人都是同一的，而是不同的、有差异性的、可比的。比如同样是蜡烛，有的人把它视作照明的工具性价值，相反有的人则认为是烛光晚餐的浪漫气息。这种对马克思使用价值的批评不无道理，特别是随着后福特主义生产方式的扩张，以及大众媒体在日常生活中的扩张，物所承载的社会意义的差异性逐渐被人们所认识和接受。这都促使理论的发展和革新，这样从符号学的视角研究新出现的消费社会的各种现象也是合理的。鲍德里亚并非对马克思误读，也并非马克思主义的对抗者，而是一种新的理论学说。我们所要做的不是运用马克思的理论武器来批驳另一种理论，也并非与马克思理论不相符的都是不合时宜的甚至是错误的，这样做只能是故步自封或者曲解马克思的理论、用非马克思的理论来批判非马克思的学说。我们要做的是，评论后续的理论是否反映了现实，这种理论的叙说是否在概念、逻辑上圆满，是不是对现实的关照。而并非割裂他们、更不是谈论谁是谁非的问题。

在马克思时代，属于工人的劳动是一种异化状态，"劳动为富人生产了奇迹般的东西，但是为工人生产了赤贫。劳动生产了宫殿，但是给工人生产了棚舍。劳动生产了美，但是使工人变成畸形。……劳动生产了智慧，但是给工人生产了愚钝和痴呆。"（马克思，1995：43）当生产力发展，经济危机周期性爆发、工人的斗争升级，资产阶级不仅把生产者看成劳动力，还看成消费力，这样资本家就通过媒体、文化意义构建了一个完美的消费系统，他和生产系统遥相呼应，消费就变成一种制度、一种统治策略，为了使自己的社会体系不致在危机中毁灭或者明证自己合法性的调整。这时工人似乎对消费过程比生产过程更加有兴趣（James G. Carrier 、 Josiah McC. Heyman，1997）。这时生产的推进也把消费的方式推进现代，消费引导生产了。消费社会的形态也悄然产生了。而鲍德里亚在马克思之后对消费社会的研究，如同马克思对生产社会的一样，呈现出对现实的社会关系回归，灌注着浓厚的人文主义情怀。

马克思注重商品的价值分析，并且认为商品的使用价值对每个人都是同质的，不同的使用价值不能比较。鲍德里亚正是抓住马克思对使用价值的评价，即在物的基础上来建立自己的消费理论，这在他早期叙述的功能物与象征物、范畴与系列中隐约可见（布希亚，2001）。在鲍德里亚的语境中，消费有其特殊含义，它排除了原始的节庆、封建领主的消费和19世纪布尔乔亚的奢华，因为这些只是在购买、拥有、享受、花费。"如果我们有理由去使用这个字眼来谈论当代社会，那不是因为我们吃得更好、吃得更多、吸收更多的影象和信息，也不是因为我们有更多器具和无谓的发明可以使用。财富的数量和需要的满足，皆不足以定义消费的概念：它们只是一种事先的必要条件。消费并不是一种物质性的实践，也不是'丰产'的现象学，它的定义不在于我们所消化的食物，不在于我们身上穿的衣服，不在于我们使用的汽车，也不在于影象和信息的口腔或视觉的实质，而是在于，把所有以上这些元素组织为有表达意义功能的实质。"（布希亚，2001：223）由此可知消费的含义包括以下四点。

第一，消费是现代社会特有的现象，是生产力发展到物的丰裕时出现的一种现象，是一种无限量的物、服务和物质财富所构成的惊人消费和丰盛的现象。这里"富裕的人们不再像过去那样受到人的包围，而是受到物的包围"，"人成了官能性的人"，"我们根据物的节奏和不断替代的现实而生活着"（鲍德里亚，2008：2）。同时在这些丰盛的背后却隐含了人的沉沦的悖论，人造之物（商品）围困了人，使人在五光十色的物的面前丧失了真实的自己，人的心智和身体反过来被这些人化的第二自然所塑造，人沦为物的奴隶。

第二，消费是一种符号意义的系统，是物的有用性升华到符号系统差异性的结构。正如他说的，"要想成为消费对象，物品必须成为符号"（布希亚，2001），这样被消费的就不是物的物质性，而是物的差异性和区分性。在这里，鲍德里亚（2009）把物的使用价值上升为物的符号价值，物的符号价值才是其根本性的，而物的使用价值仅仅是其发挥作用的前提和保证。他认为消费的理论并非建立在人的需要和满足的基础上，而是一种文化制度、一种社会的回馈机制。无论是原始社会的"夸富宴"机制，还是凡勃伦所说的"炫耀性消费"（凡勃伦，2004），都并非关于人的需求的消费现象，而是关于社会的等级的彰显。鲍德里亚以此表征物的符号意义的重要性，他进一步论述说："夸富宴已经消失了，但它们的原则并没有消失，它作为物的社会学理论的基础而被保留了下来。"（鲍德里亚，2009：4）这个保留下来的就是物的区分和等级的意义，以及人们通过消费物，根据物的社会意义、等级序列来塑造自我的过程，人成了挂在消费之网上的动物。所以他认为："人们从来不消费物本身（使用价值）——人们总是把物视为突出自己身份的符号，或让自身加入一个理想团体的标志，或参考一个地位更高的集团来摆脱本团体。"（鲍德里亚，2008：41）由于在任何社会中，如果差异的、区分的意义不终结，消费的过程也无终结之日。

第三，消费体现的是一种人与人的关系，这种关系打破了传统血缘、地缘等具有显著差异性的根基，社会关系被物所建构的流动的认同感所重构。鲍德里亚的消费理论并非建立在符号的荒漠上，相反，他的物的话语体系是根植于社会现实，即人们"只能通过社会的逻辑和策略来言说物"（鲍德里亚，2009：10）。这种社会结构和社会现实在符号逻辑中得到体现，萨林斯甚至借用图腾的概念来描绘这个现象。他指出，原始人的部落都有对山川花鸟虫鱼等万物的崇拜，并以此区分不同的部落群体，而被生产的物体则是现代社会中的图腾，消费群体相当于原始社会中的部落，可以根据不同的服饰、住所、交通工具等来区分某人的所属群体（卢瑞，2003）。在现代社会中，身份已经成为消费模式的同义词，而消费模式是由个体以外的东西决定的，这个外在东西恰恰是来源于社会的符号逻辑的自我再生产，鲍德里亚对消费的批判就在于这种脱离社会现实的符号的自我再生产。

第四，消费是一个幻象。当物的丰裕包围在我们周围时，个人就容易成为官能性的人，使自己陷入一种消费的幻觉中。实际上消费是根据物的差异区分逻辑或者符号的逻辑来辨别整个社会，鲍德里亚因此认为整个世界就是所指——指涉物的世界，这个指涉物运作是在能指的阴影下进行的，是能指游戏在社会现实中的显现。在这种情况下，整个社会就会变得可以操控，真实也消失了，基于物的基础上的人与人的真实关系也因此变得随意和可操控。所以他认为："我们陷入了物品及其表面富裕的陷阱之中。不过，我们知道物品什么也不是，在其背后滋长着人际关系的空虚、滋长着物化社会生产力的巨大流通的空洞轮廓。"（鲍德里亚，2008：203）这种符号的陷阱是人的主体异化的最高形式，这也为他回到原始的象征交换埋下伏笔。符号价值是一种抽象的逻辑，现实中所指——指涉物是他们外化和现实化的结果，或者说是他们合法化的具体现实的象征。然而这些都不真实，而是受控的真实，与主体相分离的建构的真实，是应该批判的。"符号应该焚毁"，焚毁的是符号的逻辑，回归到象征性交换、回归到真实的人与人之间的交换。

可以发现，鲍德里亚的消费思想透露出他对现实生活深深的关注。人们通过消费物在社会意义上的价值和等级排列的秩序，相互之间交流以确证自己在社会结构中的地位。消费证明了人，人成了挂在消费之网上的动物。所谓的丰盛与匮乏的社会在现实中从未存在过，只有结合社会结构的分析才能得到真实的答案。建立在区分基础上的消费社会永远不会是一个丰盛的社会，因为生产得越多就越感到匮乏，交流总显示的是个体的不足，而我们却用浪费展现了一个丰盛的神话。"丰盛不是建立在财富之中的，而是建立在人与人之间的具体交流之中的"（鲍德里亚，2008：48），只有原始社会才是真正的丰盛社会。"让原始人经历第一个（而且是唯一一个）丰盛社会的是社会逻辑，让我们遭受奢侈的、戏剧性的匮乏则是我们自己的社会逻辑。"（鲍德里亚，2008：49）鲍德里亚主张回到这种象征性的交换社会，这深深体现了他对生活和关系的依恋。从马克思对商品的批判和鲍德里亚对符号的意义系统的批判可以看出，他们分别在不同的时期对整个社会进行了深刻的剖析和设想，但最终殊途同归——回到了生活和关系。马克思的理论建立在生产力发展的物质力量基础上，最终达到人的复归，他设想了一个共产主义的归宿。而鲍德里亚却显得有些低调，他把价值逻辑分为四类："使用价值的功能逻辑、交换价值的经济逻辑、符号价值的差异逻辑和象征交换的逻辑。与之对应的四个不同原则分别是有用性、等同性、差异性和不定性。"（鲍德里亚，2009：144）鲍德里亚告别了前三种价值逻辑，回到象征性交换的逻辑，拒斥价值的渗透。他认为这样是一个真实的、有价值的理想社会，而对实现这种温情脉脉的社会的路途却一无所知。

三、商品的祛魅与社会关系的回归

马克思围绕着商品、货币、资本分析了工业化初期的生产社会的状态，在这个时期生产组织的理性化和剩余价值的最大化是核心，从而出现了人的身体的规训和奴役。马克思揭示了"跳舞的桌子"样式的商品的神秘性，祛除了商品、货币、资本的表面神秘性，其实指示的是社会中人与人的真实关系。然而周期性的经济危机破灭了资本家基于生产的酣梦，特别是 20 世纪 40 年代的经济大萧条给整个资本主义体系以重大打击。学者们开始对整个资本主义制度进行反思，米勒提出资本主义制度教会了人们如何更有效率地生产，却没有教会人们怎么消费（Miller，1987），生产和消费的矛盾日益突出。由此对消费的研究从 20 世纪 70 年代末期由道格拉斯和布迪厄开始逐渐走进学者的视野并日益兴盛（Miller，1995）。费瑟斯通认为对消费研究可分为生产的视角、社会文化视角、主体性的视角三个角度（费瑟斯通，2000），鲍德里亚从社会文化的角度分析物品的有用性的物体系到一个自我运转的符号体系，并非脱离现实状况，他所描写的就是现实状况本身，也就是我们所生活的这个世界。对社会文化与消费的关系的研究很多，比如从凡勃伦对有闲阶级的论说（凡勃伦，2004）可见消费并非与人的需要相关，而是受到整个文化体系的制约。鲍德里亚揭示了我们日常生活同文化体系的关系，从侧面告诉我们奴役的或者说被强制的根源。当他千辛万苦发现了符号体系的完美逻辑后，却发现人的真实关系遗失了，他破解了物的神秘面纱后却笔锋一转回到了象征性交换的理想主义世界。总之，两个人从他们的时代出发，用鲍曼的话说，从前现代性向流动的现代性的转向，其中的统治策略、文化背景、社会状况各异（鲍曼，2002）。所以他们借用不同的理论工具对社会状况进行剖析，最后都对人与人的真实关系隐退到人造之物中的批判，从而对复归人及人与人的关系强烈的期盼。

在生产相对过剩的消费社会里，人们关注更多的不是产品的物理属性、使用与实用价值，而是商品的符号价值、文化精神特性与形象价值，这意味着价值与生产都具有了文化的含义。鲍德里亚的著作《消费社会》是对当代社会学的一大贡献。但鲍德里亚的"消费社会"只不过是个神话，他通过各种符号的编码解码过程塑造了一个完美的抽象逻辑的系统，使人不由自主地相信这个逻辑的神话，最终建构了一个真实的"消费"社会，这里所谓的"丰盛""美好"只是人们头脑的眩晕；这里的平静、恳求、非暴力等仅仅是善意的诱导。人们在符号逻辑堆积的世界里忽略了现实的矛盾、冲突、丑陋，心安理得地、平静地生存着。鲍德里亚对现代消费社会的批判构建了一个与生产社会不同却有着相同结构逻辑的消费社会体系。

生产社会是以交换价值为中心的体系，而消费社会却是以符号、交换价值（即他所说的无物之物或者是抽象化的使用价值）为中心的逻辑体系。这样以需求为基础的消费就转化成了和生产力同质的消费力，在消费的实践中组织了一个符号的意指系统。消费是生产在现实中的指涉物或自然化，在鲍德里亚的视域中，意识形态本身就是一种形式，它弥散在整个社会系统中，符号借助它的力量维持了自主的逻辑。这样它就颠覆了传统的主客二元对立的体系，生产也好，消费也好，都能在符号的结构中得以消解。

鲍德里亚（2009）认为，符号的消费控制着整个社会，商品的使用价值让位于商品的符号价值，商品的拜物教被符号的拜物教所取代，一切物品都以符号的形式出现并被人们所消费。在鲍德里亚的话语中，符号本身不具有价值，它来源于符号体系中的互指性，只有在具体的情境中才能凸显它的功用性。相反，物的使用价值操持和交换价值是符号价值的实体性因素。鲍德里亚的"符号拜物教"实际上是商品拜物教的一部分，在马克思的理论中，商品拜物教是指对生产"交换价值"体系的抽象价值的迷恋，同时也是对社会关系的一种误识，人与人的关系被物与物的关系替换了。这种指涉物具有现实性价值，并能诉诸具体的现实透析意识形态的迷雾，完成人的复归。在鲍德里亚的符号崇拜里，对交换价值的崇拜实际上就是对使用价值的崇拜。消费社会里的消费是一种生产，在生产出差异性符号系统的同时，自己也迷失在意义的系统里。

象征性逻辑才是人的真实价值，因为只有在这种不定性的逻辑中，人才是人，人才是真正的回归。鲍德里亚提出，消费社会产生了新的、无法用传统的政治经济学理论解释的问题，即在物质丰裕的社会里，人们对物品的需求为何永远无法得到满足，人们对商品的贪欲、痴迷为何如此狂热。最后，他用布拉格大学生之死结束了自己的论述，表明了主题：一切消费品都可能是"摆设"，它们替代了真实之物，符号在相互指认的结构中形成了一个完美的体系。

四、小结

通过梳理马克思和鲍德里亚的理论脉络，可以看出他们是从各自的社会状况出发，马克思描述的是一个资本统治和重组社会的悲惨状态，商品、货币、资本这些带有原始的罪恶暴力色彩的现实奴役着人，所以马克思设想消灭产生这些的前提——私有制和分工，来完成人的解放。而鲍德里亚却从另一视角解读了出现的现代消费的因素，他关注物的使用价值的意义性、区分性，并且把物体系升华到意义的符号系统来关照人的生存状况。当他发现人的真实性丧失、人从生产的奴役步入了消费的奴役，这种悲观的现实（马克思所没有经历的）促使他寻求象征性交换来达到人的解脱。如果说在马克思那里是以生产来定义人的，那么在鲍德里亚这里意味着人们逐渐通过这些商品来定义他们的自身、他们的文化和他们的世界（Miller，1987），由此鲍德里亚并没有忽视生产，而是在生产高度发达的现代社会前提下对消费社会进行某种文化解读，忽视了这一点而对鲍德里亚的批评是有偏颇的。

正如鲍德里亚所讲消费社会的因素不只存在于社会和政治的宏观结构中，更重要的是存在于人们的日常生活中、存在于人们的实践活动中。所以在我国，现时代既需要马克思的生产的视角，也需要鲍德里亚的消费的视角，把两者对立起来或者以马克思主义的标准去攻击鲍德里亚的思想都是偏颇的。马克思对社会关系的关注和对人类疾苦的同情是显而易见的，而鲍德里亚对现代社会的生活状况和社会关系的描述却隐藏在它的符号逻辑中。马克思要消灭商品，而鲍德里亚要焚烧符号，都表明了他们对人的异化的担忧与不满，从而指出一个理想社会中人与人真实的交流与关系。

客体的抽象化居于统治地位导致人的主体性丧失是马克思和鲍德里亚共同关注的问题。笔者认为，从马克思到鲍德里亚，是一个不断找寻人的主体性，但人的主体性又日益没落乃至彻底隐没的过程。如果说马克思的异化是建立在暴力基础上的抽象化，工人可以通过斗争来获得自身的完满，那么在鲍德里亚这里就没这么容易。从卢卡奇的"物化"、葛兰西的"文化霸权"到西方马克思主义的文化工业，这些概念和理论描述了逐渐科层化、理性化和商品化后的资本主义是如何麻痹人们的生活体验以及掩盖现实的剥削关系的，使从奴役中摆脱出来的人们重新陷入人造自然的奴役，但这些思想并没有否认人的解放的可能性。后来的情境主义者借鉴这些思想，认为在现代社会中，商品和媒介的堆积已形成景观社会，"景观与过去的暴政不同，他通常呈现为某种甜蜜的意识形态控制"（德波，2006：18）。这种控制使人的主体性日益丧失在景观中，个体丧失了斗争的勇气，迷失了斗争的方向。但德波（2006：37）认为，通过文化批判以及建构革命性的否定景观的情境能达到人的解放。与德波相比，鲍德里亚更为极端，他认为在现代消费社会中，"编码、模型和符号成为由仿真控制的新社会秩序的组织原则"（凯尔纳，2005：11）。在这种社会中，意义和差异性被符号彻底夷平，形象、符码和媒介自我运转成为整个社会运转的引擎。在这里，人的主体性彻底隐没了，变成了符号和媒介的玩偶，所以拉什和卢瑞（2010：21）认为，现在已进入的全球文化工业时期的特征是"以单子、真实、心灵物质性为基础的唯物形而上学"，文艺复兴后对人主体性的弘扬在当代社会已失去意义。也正是在这种悲观情绪的驱使下，鲍德里亚才转向浪漫主义以寻求解决之道。

　　当然，在现代和后现代社会中，把主体性的丧失与对共同体没落的哀怨结合起来的学者不止鲍德里亚一人，如何重建人的主体性也是现代学者一直在讨论的问题。正如马克思所言："一切等级的和固定的东西都烟消云散了，一切神圣的东西都被亵渎了。"（马克思，1995：275）当围绕在个人周围的温情共同体面纱被现代性无情地撕裂后，社会便没有了标准和指导，也没有了权威和上帝。在这个支离破碎的世界中，个人便成了上帝（孙帅，2008）。鲍曼（2002）认为，现代性的特质是流动的，所以个体的自我选择、自我塑造和自我负责成为时代的主题。同时，在现代社会中，消费主义综合症（即速度、过度及废弃）已占主导，个体的重构是以这种转瞬即逝的商品为基础的，所以，这种建立在流沙基础上的自我追寻是一个"西西弗斯的神话"（鲍曼，2012）。

第三章 消费主义话语下的
主体性重构是何以可能

　　鲍曼（2012）在《流动的生活》一书中，详细介绍了个体在面对流动的现代性时如何应付的问题，当永恒的、神圣的、温情的传统社会被即时的、新奇的、诱惑性的消费者社会所取代时，人们何以安身立命的问题。人的主体性也是鲍曼一直所关注的重点，书中鲍曼指出，"流动的现代消费社会，贬低了'长期'与'总体'之理想。这些理想易于为及时行乐与个人幸福之价值所取代。"（鲍曼，2012：51）在这种社会中，人的主体性到底处于何种位置是一个值得探讨的问题，本书结合其他学者的思想观点阐述笔者的看法。

　　客体的抽象化居于统治地位导致人的主体性丧失是当代学者共同关注的问题。笔者认为从马克思以降，是一个不断找寻人的主体性，而人的主体性日益没落乃至彻底隐没的过程。如果说马克思的异化是建立在暴力基础上的抽象化，工人可以通过日常斗争来获得自身的完满。那么在鲍德里亚这里就没这么容易。从卢卡奇的物化、葛兰西的文化霸权到西方马克思主义的文化工业，这些概念和理论描述了逐渐科层化、理性化、商品化后的资本主义是如何麻痹人们的生存体验以及掩盖现实的剥削关系的。但这些思想并没有否认人的解放的可能性。后来情境主义者借鉴这些思想，认为在现代社会中商品、媒介的堆积已形成景观社会，"景观与过去的暴政不同，他通常呈现为某种甜蜜的意识形态控制"（德波，2006：18）。这种控制使人的主体性日益丧失在景观中，丧失了斗争的勇气、迷失了斗争的方向。但德波认为通过文化批判以及建构革命性的否定景观的情境能达到人的解放。与德波相比，鲍德里亚更为极端，认为在现代消费社会中，"编码、模型和符号成为由仿真控制的新社会秩序的组织原则。"（凯尔纳，2005：11）在这种社会中，意义、差异性被符号彻底地夷平，即是一个内爆的社会。形象、符码、媒介自我运转并成为整个社会运转的引擎。在这里，人的主体性彻底隐没了，变成了符号、媒介的玩偶。文艺复兴后对人主体性的弘扬在当代社会已失去任何意义，也正是在这种悲观情绪的驱使下，鲍德里亚才向浪漫主义寻求解决之道。

鲍曼（2012：117）认为，消费在现代社会中成为一种背负道德责任的客观"社会事实"，在这种社会事实的规训下不断讯唤出一个个消费的个体。鲍曼批判了现代性之后，认为"在流动的、迅速移动而又不可预测的环境里，我们比以前更需要坚实而可信的友谊纽带，更需要相互间的信任"（鲍曼，2012：117）。同时泰勒（2001）也提出，在现代性的隐忧下，重建共同体以对抗个体破碎化的趋势。里茨（2006）认为，当代社会是个"麦当劳化"的社会，"麦当劳化"是个残酷无情的过程，扫荡着世界上那些看似固若金汤的机构和地区。其内容包括高效性、可计量性、可预测性和可控制性。其实麦当劳化的过程就是一个世界理性化的过程，在其中一切道德的、传统的、温情脉脉的交往消失殆尽，留下的是一个冰冷的规则世界，一个像"北极的夜晚，充满了黑暗和冰的坚硬"的世界。随着全球化的进程，麦当劳化逐渐扩散到社会的其他社会领域，甚至一些原本拒斥麦当劳化的领域，包括旅游、医疗、教育、社会保障等。这种情况使得人们无处所躲，那种悠闲的、节奏慢的生活方式成了神话，人的主体性淹没在理性的牢笼中。而贝克（2011）在重造主体性的问题上并没有诉诸共同体，他认为"个体化"意味着既有社会形式（阶级、邻里、家庭、社会角色等）的解体，从这些传统中脱嵌出来的个体会重新嵌入新的社会制度中（比如，福利国家、公民社会、市场经济等）。这样人的主体性会以一种新的方式表现出来。

人的主体性的重构无论是对共同体的怀旧还是嵌入在新的社会制度中，都要建立在进步的基础上。进步对马克思来讲是一个线性进化论的必然结果，是人的解放的必要前提，也是个体实现人的完满的基础。而在当代社会，进步却成为一个反讽的概念，一个在新奇的引诱下不断前进、遗失、再前进、再遗失的循环过程。当转瞬即逝的消费社会替代恒久性的生产社会时，我们如何看待当前的主体性重构是一个值得探讨的问题。

但是鲍曼（2012：117）是一个过于悲观主义者，他注意到在这个过于碎片化的、意义空虚化的、英雄主义丧失的现代社会中主体的无力感，似乎主体沦落成为一个逆来顺受的、原子化的、被动的受害者。所以鲍曼主张重建一个生活共同体来恢复主体性的重建。事实上，现代社会并不像鲍曼描述的那样无可救药、不可挽回地把主体驱逐到无深度的堕落中。正如瓦格纳（2012）所说，在现代社会并非一切坚固的东西都烟消云散了，一些古老的原则和道德情感正在融入我们的日常生活中，来对抗现代生活的流动性、瞬间性。同时，查尔斯·泰勒（以下称 C. 泰勒）（2012b）也对这种现代生活中主体性的丧失表示深深的担忧。但是他并不像鲍曼一样是个悲观主义者，泰勒主张用道德地形学的观念来重构主体性。C. 泰勒（2012b) 认为，主体性是一个近代性的概念，兴起于 17 世纪的新的政治原子论，最著名的有格劳秀斯、普芬多夫、洛克和其他一些人的社会契约论。但是主体本身不仅仅包括启蒙运动后形成的功利主义和激进的理性主义观念，还包括柏拉图的理念论、基督教的上帝观念以及表现主义和浪漫主义的因素。这种在不同的历史时期形成的不同的道德观念，有一个共同的目标就是对普遍善的追求，他称之为"强势评估"。这种在历史的流变中形成的道德知识像一层层的地层一样（即道德地形学）在现代社会中重构了主体性。所以在现代生活中日常生活的重要性和普遍仁慈的理想同时并存，主体性破碎化的同时也被重新塑造，其塑造的方式是在道德地形学的框架内通过对话、民主政治的商讨建立现代性的认同。

在日益祛魅的当代社会中，价值逐渐从事实上剥离出来，道德的崇高意义日益褪色。自我认同的问题、主体性重构的问题日益凸显。C. 泰勒（2012a）认为，在目前社会生活中，人们对日常生活的肯定无以复加，而对道德理想的关注付诸阙如，恰恰是层层积淀的道德理想和观念构成了人类生活的基石并改变着日常生活。当所有的价值理性、道德的崇高意义沦落为工具理性的替代物时，人之为人的特性就不复存在。C.泰勒建构了道德地形学、多元化的道德根源、强评估、本真性伦理等概念恰恰给无所适从的现代人提供了安身立命之所，给自我的认同和主体性的重建何以可能提供了理论基础和依据。事实上，这种建构善的、崇高意义的道德标准并非宗教式的评判，而是在个人主义的基础上参阅历史上积淀下来的道德观念，在日常生活中的交往基础上形成一种较好的评价标准。同时，这对解决我国社会生活中原子化、利己主义的盛行现象有一定的参考意义。

事实与价值之争自启蒙运动以降一直争执不休，在这个过程中价值被不断从事实上剥离出来并逐渐遗失。工具理性把理念论、上帝、巫术等附着在事实上的意义——清除掉以后，剩下的只有冷冰冰的经验资料、逻辑推理的过程。这正是韦伯所讲的"祛魅"的过程，然而韦伯是一个悲观主义者，他认为在这个多神纷争的年代里，所有的价值都是同一的，人们对价值的取舍取决于个人的非理性和感性的认知。最终价值理性沦落为工具理性的替代物，这是施特劳斯批判韦伯缺少自然正当的初衷（肖瑛，2012）。这恰恰也是C.泰勒最为担忧的地方，工具理性的扩张导致崇高意义和价值的日益褪色以及日常生活的狭隘化和平庸化（C.泰勒，2012a）。C.泰勒所做的工作是把人们从"渺小而粗鄙的快乐""可怜的舒适"中拯救出来，把事实和价值用他自己的方式重新熔铸在一起，把现代的自我认同再次嵌入到道德理性的崇高意义中。当C.泰勒把这个"祛魅"的世界再"着魅"时，并不是要回到传统的价值（宗教、巫术等）中去，而是用历史的眼光把人类不同时期的道德理想的沉淀糅合到他的"道德地形学"概念里，现代自我认同也从中汲取养分和价值理念。如徐冰所言"地形学，是诠释学描述和阐释不易直接看到的内部经验与社会结构之理论性的表达方式"（徐冰，2012）。C.泰勒也指出，"理解我们的社会需要我们透过时间——就如一个人揭开岩石发现某种更老的地层"（C.泰勒，2012b：726）。也恰恰是这一层层不同历史时期的道德理想构成了现代自我认同的基础。

一、自我认同的道德背景——不可逃避的框架

在功利主义的推动下，价值与事实的分离更为彻底。道德被视为内生于现实的和具体的经验事实，道德的形成为自我利益和计算的结果（米塞斯，1991）。边沁甚至认为理性法、真正理性、天然正义、天然公平、正常秩序等价值理念是故弄玄虚。真正推动道德发展和进步的是功利，因为它更明确地指痛苦和快乐（边沁，2000：74）。这也正是C.泰勒所诟病的现代道德观念：把注意力集中到怎么样做是正确的，而不是怎么样生存是善的，集中到界定责任的内容而不是善良生活的本性上（C.泰勒，2012b：9）。这种工具性的道德理念缺失了深度意义的维度，也是现代思想家所探讨的主题之一。

这种混乱现象的出现，C.泰勒认为是由于我们缺失了道德的框架或者说视野所导致的认同危机。而正是这种框架提供给我们站在何处的视界，也提供着事物对我们所具有的意义。"其中，事物可以获得稳定意义，某些生活的可能性可被看作是好的或有意义的，而另一些则是坏的或浅薄的。"（C.泰勒，2012b：40）C.泰勒认为这种给人以方向感的不可逃避的框架包括三个轴心，即"我们对他人的尊重和责任感，以及我们对怎样过完满生活的理解，再者我们认为自己应要求得到（或要求不到）我们周

围那些人的尊重"（C. 泰勒，2012b：24）。也就是说，道德观念不仅涉及如何生活是好的，更指涉这种价值理念的道德背景以及善的问题。在现代性之前，道德的框架构成了我们的绝对命令，被视为与真正宇宙结构具有同样本体论的坚固性。而在这种不容置疑的框架里生活的人们，并没有出现认同危机，也没有自我的观念。自我是伴随着主体性的凸显而出现的一个现代观念，是兴起于17世纪的新的政治原子论，其中以格劳秀斯、普芬多夫、洛克和其他一些人的社会契约论为代表。这种学说建立在主客体对立的基础上，打破了先前主客体合一的实体逻各斯的理念。当主体从富有实体性意义的框架中脱嵌出来的时候，自我的客观化也成为一个不可逆转的潮流。自我不能在传统的道德框架中寻找自我认同的确证，自我认同在何处汲取营养、主体性何以重构成为一个学术界激烈讨论的问题。

　　C. 泰勒虽然承认价值的退隐导致自我孤独地面对客观化世界，"过去服务于我们的坚固的、持久的、常常是富有意味的对象，因现在包围着我们的急速流动的、质量差的、可替代的商品而被置于一旁"（C. 泰勒，2012b：731）。但这不意味着把主体甩进一个意义空虚化的世界，一个缺失道德背景或善的境地中去。事实上，自我认同的基础有着多元化的道德根源，首先是原初性的、有神论的观念；其次是自然主义的分解式理性，它在我们的时代采取的是科学的形式；最后是浪漫的表现主义（C. 泰勒，2012b）。在某种意义上，C. 泰勒并不认同福柯意义上脱离价值理念的现代技术规训出的主体（福柯，2007）。道德的框架历史性存在于我们的社会中，即使是现代工具理性也"存在于实践的仁爱伦理的道德框架中，技术服务于一种针对现实的有血有肉的人民的仁爱伦理"（C. 泰勒，2012a：

128）。正如瓦格纳所说，在现代社会并非一切坚固的东西都烟消云散了，一些古老的原则和道德情感正在融入我们的日常生活中，来对抗现代生活的流动性、瞬间性（瓦格纳，2012）。同时，C. 泰勒批判传统的观点：世俗化的发展是由于现代制度的变迁（工业化、技术变革和流动性）以及科学和教育的传播推进的。而他认为主要原因是历史性地出现了不同的道德根源即构成性的善，人们可以根据不同的善来发展自我。在《自我的根源》中，C. 泰勒明确指出，"这部著作的意图是一种恢复，即尝试通过重新表达来发现被掩藏的善，靠重新表达使这些根源再次具有授权的力量，使新鲜空气再次进入半塌陷的精神肺腑中"（C. 泰勒，2012b：757）。在 C. 泰勒的观念里文化因素对社会实践的发展是构成性的，表达改变着实践。所以他历史性的探讨三种不同的构成性的善（道德根源）为现代人的认同提供一个道德的框架，重建信仰的价值和善的理念。

二、多元化的道德根源

C. 泰勒确立了道德框架的优先地位，正是这种道德背景给予我们方向感和自我确证的证据，给予我们自我认同和区分的真正基础。当我们理解了何为定义我们自己，确定了我们的原发性取决于什么，我们看到，我们必须将某种对重要东西的感觉当作背景。定义我自己意味着找到"我"与他人差异中的重要东西。"我"可能是唯一的头上恰好有 3732 根头发的人，或者刚好与西伯利亚平原上的某棵树高度相同，但这又怎样？如果"我"开始说"我"定义我自己，是通过"我"准确表达重要真理的能力，是通过"我"无与伦比的弹钢琴的能力，或者是通过"我"复兴我先辈传统的能力，那么我们就在自我定义的可承认的范围之内（C.泰勒，2012）。其实C.泰勒的自我的道德地形学包括两个方面：第一，日常生活的善；第二，构成性的善即道德的根源（Laitinen，2008）。其中前者指好的生活具体内容，后者代表了"宇宙的或者上帝或者人类本性的特征：（1）日常之善的根基；（2）我们道德所敬畏和忠诚的对象；（3）对赋予我们自身善的根源"（Taylor，1991）。构成性的善体现的是一种存在的秩序或善的理念，更是一种推动我们趋向善的动力。换一种说法就是，构成性的善呈现了一种价值理念，而生活之善是一种"事实"理念上的现代概念，其焦点是"行为、情感或生活方式之间的性质差别"（C.泰勒，2012b：134）。这里，C.泰勒就把价值和事实重新拉入他的道德地形学的概念中。

第一个道德根源来自"原初的、有神论的"标准。起始于柏拉图的理念论和善的观点，柏拉图一直追寻普遍秩序的善性。理性支配欲望就是善的，这里的理性指涉的是对具有客观和神性的正当和秩序的感知，所以柏拉图宣称善良的灵魂喜爱秩序、一致、和谐（柏拉图，2012）。而现实世界只不过分有着理念世界、是永恒的理念世界的投射。亚里士多德反对这种机械的投射论观点，他承认普遍秩序是善的生活本质，但他认为只有对不变秩序的沉思，才能使人走向神性。可见他的趋善的路线与柏拉图不同，靠的是实践的智慧，伦理的完满和科学的完满（亚里士多德，2003）。而奥古斯丁用上帝置换了柏拉图的理念世界，认为创造物通过分有上帝的理念，获得自己的形式。同时奥古斯丁拒绝柏拉图的"回忆说"，指出只有通过聆听内心深层的记忆才能认识上帝（即永恒的秩序）。开创了通向内在性的步伐，真理就在内部，而上帝就是真理（C.泰勒，2012b：186-197）。

当我们不再把宇宙的秩序视为理念的具体化，而是我们自身心理的东西、心灵的内容时，一个不可避免的趋势出现了：实体的逻各斯的秩序观被抛弃，秩序被视为可以建构的内容，伽利略的科学观念逐渐形成。笛卡尔深受其影响，提出"分解式自我"的理念，他在自我客观化的同时抛弃了柏拉图意义上的理性霸权的性质。在笛卡尔看来，理性是一种工具性控制的概念，它服从于主体性功效，主体恰恰是运用这种理性的能力面对祛魅化的物质世界。世界的秩序不再视为分有着实体性（理念、上帝）的秩序，而是根据准则建构的观念秩序，恰恰是这种"根据理性统治的要求，即我们决心赖以生活的'由关于善恶知识的坚定而明确的判断'所构建的秩序，塑造了我们的生活"（C.泰勒，2012b：222）。洛克更向前了一步，提出"点状自我"的概念，也就是说，洛克甚至把主体视为一种建构的过程，这种自我分解、监控重构是"通过所有与我们现代生活方式不可分的纪律，即在经济、道德和性领域内的自我控制的纪律"（C.泰勒，2012b：249）。但与笛卡尔一样，都试图通过内在深度建立一个普遍的准则和秩序，虽然蒙田反对这种追求普遍性的秩序的推理，主张建立一种个人差异性的、独特性的理念。总起来说，这种由实体理念到程序性过程，由发现秩序到建构秩序的转变有一个共同的特点就是：为我们的生活寻找某种秩序、某种意义或某种辩护。

第二个道德根源领域的核心是，"自然主义的分解式理性，他在我们的时代采取的是科学的形式"（C.泰勒，2012b：724）。日常生活是指劳动、生活必需品的制造以及婚姻和家庭生活。亚里士多德（2003）

明确指出日常生活是支持人们过善的生活（理论沉思和在政治组织中公民参与）基础，如果单纯生活的手段占的比重太大，就危及善的生活。然而在科学革命的影响下这种关系发生了倒置，通过沉思掌握宇宙秩序被看作是一种逃避具体研究之艰辛工作的活动。荣誉和光耀的伦理观被斥责为极度的虚荣和自负，几乎是童稚般傲慢的后果。而改善人生活状况的科学才是目的，才是我们推崇的对象（C.泰勒，2012b）。在这种日常生活神圣化的时代，不管是资产阶级的平等观、普遍权利观、工作伦理观，还有对性爱和家庭的颂扬，还是把人提升为生产者，都把注意力集中在有效地改善日常生活上。日常生活的肯定意味着赋予有效地控制事物以价值，对事物进行工具化处理。这里的工具化主要指涉对生产性效益的关注，通过科学实验寻求客观的因果关系。笛卡尔虽然持工具性的态度，但仍然是对秩序的建构，是一种沉思活动，现在则转变成纯粹追求外部的效益的计算和对生活神圣性的推崇。这种对日常生活的肯定带来一个有效的后果就是普遍的平等观，同时对公共生活的关注并未消失，"日常生活包括两个方面：第一，为获得生活手段而设计的活动能力被赋予中心的重要性和尊严；第二，为公共的善而工作的需要"（C.泰勒，2012b：338）。

这时的秩序观体现为自然神论的秩序观，"人类生活和它的日常满足意义重大，因此获得自己的满足和保证他人的满足都具有很大的重要性，也被强烈地评价为符合上帝的计划"（C.泰勒，2012b：532）。代表人物是洛克和沙夫茨伯里。"前一种情形下，我们在分解性的、自我负责的、有超人洞察力的、有理性的、有控制力的主体的尊严中找到它们。在另一种情形下，我们也在内部发现的情感中找到它们"（C. 泰勒，2012b：378）。这里也为道德根源的分裂打下了基础，一个走向了功利主义的工具理性，一个求助于内在深度。激进的启蒙运动使功利主义大行其道，主张人必定力图保持和扩大（他）她幸福的图景是道德生活的真正基础。人受必然性趋势而自我保存、自我满足，其行动的基础是"按照看来势必增大或减少利益有关者之幸福的倾向，亦即促进或妨碍此种幸福的倾向，来赞成或非难任何一项行动"（边沁，2000：58）。一方面，功利主义通过肯定人自然本性，更彻底地捍卫欲望的平等价值和善良性质，纵欲被赋予了新的价值。另一方面，功利主义使自然神论在日常生活中走得更远，开始转变为对肉欲的推崇。当功利主义拒斥一切道德观念、法律、风俗、宗教体系等时，这种无差别的肉体欲望如何使社会的整合成为可能？重要的一点是功利主义并不排斥价值，它承认"人们之间存在着潜在的利益和谐。在一个组织良好的世界里，人们的幸福得到最大限度的满足，每个人的幸福之所在也有助于全体的幸福"（C. 泰勒，2012b：472），功利主义拒绝"众神"是为了能够按本来面目毫无恐惧地理解我们的生活（C. 泰勒，2012b）。

第三个道德根源在"浪漫的表现主义或它的现代主义后继之一的视野中寻找其根源"（C. 泰勒，2012b：724）。激进的启蒙运动遭到诸多反对，其中一点是反对消除差异、人类仅仅是追求幸福的简单化观点。被激进启蒙运动所反对的道德根源展开了对其的批判。卢梭认为崇高爱的根源是自然，其中自然的原初冲动是正确的，但令人堕落的文化影响使我们失去了与它的联系，堕落的标志之一是计算理性的进步。他所推崇的是安于市民德行的"高贵的野蛮人"并强调财富的败坏和节俭的重要性（卢梭，

1978）。在卢梭看来最幸福的人群是那些在橡树下安排他们事务的农夫（卢梭，2003）。也就是说，卢梭认为内在于自我本性的冲动就是善，也只有通过内在之声才能认识和理解普遍的善。康德认为启蒙运动的自然主义和功利主义没有给道德向度留下空间。在康德看来，道德行为不是以结果而是以动机得以评价，有德之人要使他的行为符合道德律令。而这种道德律令来自我们人类的本质，即道德和理性的主体。"作为理性的主体就是为理性而行动。就他们的本性而言，理性就是普遍适用的。真正理性主体的行动，要按照被理解为普遍适用的原则和理性。"（C. 泰勒，2012b：522）所以按照普遍道德律令行事是一种自律，是自由的体现。C. 泰勒认为康德提供了一条在内在动机中寻求善的道路。

这种在我们的内部（内在声音或冲动）尤其在我们的情感中发现真理的观念是各种浪漫主义的表现主旨，也就是说，浪漫主义更推崇个人、想象和情感的权利。在浪漫主义看来能够与被功利主义的立场所毁坏的世界相抗衡的是自然的和未被扭曲的人类情感的真实世界，产生于 18 世纪后期，以人的本性为根源的表现主义就是以此为前提，以个体性为基础，认为每个人都有自己的特征、彼此都是不同的，正是这种差异性决定了他们应该过怎样的生活。"每个人具有原初的、不可重复的尺度，我们都被召唤去践行我们的独创性。 自然之声对我们的召唤不可能外在于并先于对它的表述或定义而被认识的。我们只能做了之后才能认识到我们深刻本性所实现的是什么。"（C. 泰勒，2012b：541）也就是说，人类是自由的、有尊严的，有充分意义的生活是自我选择的生活，而不是被欲望引导的生活。现代主义在 C. 泰勒看来在某种程度上继承了浪漫主义的传统，既反抗分解的与工具性的思考与行为方式，又寻求恢复生活深度、丰富性和意义的根源，并试图把日常生活的重要性和普遍仁慈的理想观念结合起来（C. 泰勒，2012b）。

三、强评估（strong evaluation）——道德共识何以达成

C. 泰勒论述完三种在不同的构成性善后，指出在后面出现的观点并不一定比前面的更优越。三者之间的关系是："第一，三个领域未保持原样；他们持续地相互吸取和相互影响。第二，有跨边界而合二为一的企图。第三，我们需要以时间的向度来看这个图示。"（C. 泰勒，2012b：725）C. 泰勒之所以强调价值的功效，与他的道德客观主义立场相关。他认为，"通过观念上的转变和发展，包括新的眼光和洞见在内，带来实践上的改变、断裂、改革、革命"（C. 泰勒，2012b：294）。尽管他也承认判定观念和实践先后的问题上需要视历史情境而定，但"早期扩张可能主要是从观念到经济实践，而观念在宗教和道德生活中寻找他们的最初根源"（C. 泰勒，2012b：295）。虽然 C. 泰勒历史主义的审视不同时期的价值观，在承认多元价值冲突的同时，与韦伯不同，他没有清除价值，而坚持有一个超善统摄着其他的善，给人生活以意义和方向感。这个观点集中体现在他的"强评估"概念上，在强势评估里，涉及价值的取舍，我们的动机要受到有高低之分的价值评估。"欲望被区分为高级的或低俗的、善良的或邪恶的，令人满意或不满意的，优雅的或庸俗的，深刻的或浅薄的，贵族的或卑劣的；他们被认为属于不同的生活方式：破碎的或完整的，异化的或自由的，圣洁的或本能的，勇敢的或怯懦的等等。"（C. 泰勒，1976：282）。

这种无与伦比的超善是如何产生的？如何保证这种超善不演变成为一种独断或霸权？ C. 泰勒的答案是以构成性的善为前提，历史性地看待强评

估。用他的话说，要解决这个问题需要借助道德现象学。强评估本身就是一个历史性的概念，是通过对早先的、不充分观念的历史性替代而产生。这种建立在实践理性中的善不是要建立某种绝对正确的见解，而是建立某种优越于其他见解的见解。我们确信某种观点是优越的，因为我们这种观点被理解为减少错误因而也是认识上的进步（C.泰勒，2012b）。也就是说，强评估不是一劳永逸的概念，而是处于不断的变化中。某种向我们显示的善通过艰苦卓绝的斗争，替代了原来的善，C.泰勒称这个过程为价值重估。然而，那些受到谴责的善并非从此烟消云散，而是深深地沉淀在人类的心灵中，和后面的善一起在社会生活中起作用。由此，C.泰勒的道德地形学的概念有用武之地。

C.泰勒对强评估论述的思路颇似把"主体间性"的现象学概念引进历史主义的新历史主义观点（肖瑛，2012）。强评估不是以国家暴力或强力为基础的，而是建立在个人主义的基础上，"个人拥有根据表明人的卓越性的特定客观标准做出由他们负责的各种原初选择并对其持续保持承诺的能力"（墨沙，1998：xiv）。同时，墨沙认为思想是在社会成员不断累积和修正的过程中慢慢成形的，而非由某一个人一劳永逸地成就的。人类是在这样一个变化过程中逐渐确立起指导个人行动的客观理性和普世原则，虽然它们的使用在不同情境下并不完全一样（墨沙，1998）。这种由个别人或少数人提出的概念或价值在交往中获得认可，并在实践中证明有效，并为他人所接受，逐步积淀和扩展甚至被这个社会的成员普遍接受的过程（肖瑛，2012），恰恰是强评估形成的过程。

一方面，C.泰勒希望建立一种强评估用来重建生活的崇高和意义；

另一方面，他又不同意某种构成性的善一支独大以致取消其他构成性善的存在价值。C. 泰勒的强势评估"存在于分解理性和创造性想象的力量规定的自我感中，它存在于有特点的关于自由、尊严和权利的现代理解中，它存在于根据自我实现和表达的理想，以及根据普遍仁慈和正义的要求中"（C. 泰勒，2012b：734）。这里，C. 泰勒把历史上出现的道德根源全都囊括在强评估的概念框架中，这种强评估在现实生活中有多大的可信性需要进一步探讨。在我看来，强评估成了一个相对的概念，而不是一个绝对的评判标准，是一个根据不同的生活情境而选择的较好的价值理念，而不是一个相对固定的价值来源。泰勒期望重申"一神论"，但又不得不把其他"众神"拉入自己的视野。但有一点是明确的，他不遗余力地探索这些构成性善的价值是给现代主体性的认同和重构提供一个意义的"框架"或"视野"。

四、结论：道德地形学中的本真性伦理

在前文中，笔者提到过"自我认同"是近代出现的概念，先前时代，这种身份认同和同一性根本不构成一个问题，因为它们先验地镶嵌于社会的各范畴中。而在这个"多神纷争"或者有不同道德根源的时代，自我认同何以可能就成为一个问题。本真性这个概念恰恰是在认同问题开始显现的 18 世纪末形成。正如 C. 泰勒所言，这个概念产生的初衷是反对功利主义道德观的道德理想[①]，然而在其后的道德主观主义、人类本性的道德观、常规样式的社会科学三种解释范畴的曲解下，本真性概念的道德背景

---

① 道德理想指的是一个概念，关于什么是一种较好的或较高的生活模式，在这里，"较好的"和"较高的"，不是按照我们之碰巧所欲或所需来定义的，而是提供了一个关于我们应该欲求什么的标准。同时 C. 泰勒认为人类具有一种道德感，一种对何对何错的直觉，而这种直觉的基础是强评估。

一直被遮蔽掉。而在 C. 泰勒看来，本真性是个人主义①的一个侧面（C. 泰勒，2012b）。所以"本真性涉及创造、构造以及发现，原创性，以及频繁地反对社会规则，甚至潜在地反对我们当作道德的东西。本真性也要求对重要性视野的开发和对话中的自我定义"（C. 泰勒，2012b：81）。这里，本真性俨然以一种道德理想的面目出现在我们面前。其实，C. 泰勒不是否认日常生活、个人主义、自由主义的重要性，而是批判这些观念里缺少了道德意义的背景，缺少了历史、他人、社会、自然等因素的作用，从而滑向功利主义、自恋主义等浅薄的领域。他指出，现代认同的三个侧面：现代的内在性；对日常生活的肯定；表现主义本性的概念（C. 泰勒，2012a）。而这三个侧面恰恰是他所论述的三个构成性善的表现形式。总起来说，C. 泰勒是在他的道德地形学的框架内来解读现代性的本真性伦理。

对于如何在本真性伦理的前提下重构自我认同，C. 泰勒认为，"我们的同一性是在与他人的对话中，是在与他们对我们的认同的一致或斗争中形成的"（C. 泰勒，2012a：56）。这种对具体性、时间性、对话性的关注，恰恰是现代西方文化所忽视的，从而导致社会的原子化、自恋癖、工具主义还有生活意义的丧失，所以 C. 泰勒主张通过民主的政治生活重构自我的认同和现代的崇高意义。无怪乎徐冰指出，"《自我的根源》在方法论上对我们的启示至少涉及两个方面：一是提倡将个人自我关心的问题置于更大的历史背景中去理解；二是将历史背景中的重要话语和

---

①　C. 泰勒认为个人主义可以分为两种，道德理想的个人主义和非道德理想的个人主义，他所指的个人主义是前者，后者类似于现代的利己主义，是他所极力反对的。同时他认为前者不仅强调个人自由，而且提出社会模型，（后者）反常的和破裂的个人主义当然没有与任何社会规范挂钩；但作为道德原则或理想的个人主义，必须提出某个关于个人如何与他人一起生活的观点。

生动的经验结合起来"（徐冰，2012）。伽达默尔认为人本身就是"历史地存在，就是说，永远不能进行自我认识，一切自我认识都是从历史地在先给定的东西开始的"（伽达默尔，2010：427），所以主体只有在历史活动当中，在与他者的交往当中获得承认才得以存在。对这种主体间性的关注是后来"承认"理论的一贯主张，这种思想主张，承认是一个从认同到相互承认的过程动力（利科，2011），人类主体同一性来自主体间承认的经验（霍耐特，2005）。

C.泰勒阐述道德的不同根源为强评估的形成提供了价值背景，而这恰恰构成了他的道德地形学的价值部分，并且为本真性伦理设置了道德理想。这里，C.泰勒对道德地形学的事实部分，即日常生活的肯定并没有花太多的笔墨。笔者认为，在C.泰勒看来，日常生活的重要性在社会生活中已经达成一个共识，同时，现代性的隐忧正是人们对这种日常生活的肯定过于极端，而忽视了其价值背景所造成的结果。其实在我国社会所呈现的自私主义、信任的丧失、公众的冷漠等问题与我们过于关注效益、功利等现代理性的理念，却忽视其背后的价值理想有莫大的关系。所以笔者想借用C.泰勒本真性伦理的概念来重建日常生活的意义背景，而只有在这种具体的、历史性的互动过程中，价值理想才得以产生、传播、达成共识，而只有在民主生活中才使人得以摆脱专制主义的束缚。C.泰勒不是对西方的个人主义、制度设置、权利观念的批判，而是把这些作为普世价值加以接受。他所关注的是在现代理性的侵蚀下，主体性的认同何以可能的问题、主体的道德理想何以重建的问题，而这只有在他的道德地形学的架构内才能得以解决。反观照我国，主体性的认同俨然构成一个严重的社会问题，社会生活层面呈现原子化、利己主义的盛行，表面上看是由于个体化造成的恶果，其实是因为对 C.泰勒意义价值背景的忽视造成的"没有个人主义的个体化"或"无公德的个体化"（阎云翔，2012）。笔者认为肖瑛对中国所产生问题的认识尤为深刻，"中国问题的症结不是'个人主义'带来了'利己主义'，而恰恰是传统社会中内生的'利己主义'的实现模式"差序格局"在市场经济条件下的复苏和放大"（肖瑛，2012）。

第四章　西方消费话语下的
主体性转型

在西方，脱离农业生产的农民来到城市生活的过程中，逐渐剥离传统的身份和文化，从而有一个新的身份即工人。汤普森的工人形成理论中，"经验"这个词的地位至关重要，经验的英文是 experience，这个词有两个含义：一是客观的"经历、阅历"，二是主观的"体验、感受"。汤普森在《英国工人阶级的形成》中，开篇就提出"阶级是一种历史现象，它把一批看来完全不相干的事结合在一起，它既包括在原始的经历中，又包括在思想觉悟（意识）里"（汤普森，2001：1）。也就是说，阶级和阶级意识是两个不可分离的实体，也不能认为阶级意识落后于阶级的形成，经验的事实和在观念上处理这种经验事实是同一的过程（汤普森，1978）。汤普森写道，"当一批人从共同的经历中得出结论（不管这种经历是从前辈那里得来还是亲身体验），感到并明确说出他们之间有共同利益，他们的利益与其他人不同（而且常常对立）时，阶级就产生了（汤普森，2001：1-2）。""阶级意识是把工人经历用文化的方式加以处理，它体现在传统习惯、价值体系、思想观念和组织形式中。如果说经历是可以预先确定的，阶级意识却不然。我们可以说具有相似经历的相似职业集团对问题会做出合乎逻辑的相似反应，但决不能说这里面有'规律'。阶级意识在不同的时间和地点会以相同的方式出现，但绝不会有完全相同的方式（汤普森，2001：2）。"可见，客观的经历和主观的体验也并非一致，这种不一致性来源于主观体验方式的复杂性和多样性，工人不仅以思想的方式，还以准则、情感和价值的方式体验自己的经历。

一、西方农民市民化的进程

（一）客观社会结构的转型

马克思认为农民的市民化和资本关系的创造过程是同步的，"这个过程一方面使社会的生活资料和生产资料转化为资本，另一方面使直接生产者转化为雇佣工人。"（马克思，2004：822）这个过程是对农业生产者即农民土地暴力剥夺的资本原始积累，马克思写道，"被驱逐出来而变成了流浪者的农村居民，由于这些古怪的恐怖的法律，通过鞭打、烙印、酷刑，被迫习惯于雇佣劳动制度所必需的纪律（马克思，2004：846）。""在欧洲以外直接靠掠夺、奴役和杀人越货而夺得的财宝，源源流入宗主国，在这里转化为资本（马克思，2004：864）。"布洛维认为马克思主义者分析"劳动力市民化"过程的时候，强调了"自由工资劳动力"的"双重分离"：农民分离于生产资料，并因此分离于生存资料。这两个分离的结合迫使农民在劳动力市场上出卖他们的劳动力以维持生存（布洛维，2007）。与此同时，C.蒂利沿袭了这种市民化的观点，认为市民化包括：其一，工人日益与生产资料相分离，这意味着剥夺的不断增长；其二，工人越来越依靠出卖劳动力而生活，这意味着雇佣劳动的不断增长。剥夺、雇佣劳动及其所包含的异化形式，构成了经典意义上初始市民化过程的基本面相（转引刘建洲，2013）。

　　农民是否要彻底无产化，这是一个历史和经验的问题，不是一个理论和价值判断。布伦纳沿着马克思的分析路径，认为"社会财产关系"是历史社会发展的助推器，伴随着资本主义的发展导致了农民彻底无产阶级化的单一路径（Brenner，2005；张秀琴，2011、2012）。沃勒斯坦从世界体系论的基础出发，认为一国的生产关系是由其在中心—边缘结构中所处的位置决定的。根据他的观点，处于中心国家的无产化是彻底的，因为经过多年的经济发展和斗争过程，国家能通过经济和政治的让步换取社会的和平，而处于边缘地带的经济体更倾向于具有强制性的生产关系，农民展现的是半无产阶级化的境况（沃勒斯坦，1998；阿瑞吉，2009）。事实上，资本主义的发展、经济的进步并不一定要依靠彻底的无产阶级化，同时在边缘国家也存在不同的无产阶级化道路。阿尔利吉研究的结果显示，彻底的无产化为资产阶级带来了更多的麻烦而不是好处。在罗得西亚，无产化存在三个阶段，只有一个阶段对资本积累有利。在第一阶段，农民会提供农产品而不是劳动力作为对农村地区资本主义发展的响应，因为资本主义农业、采矿业等部门的发展扩大了对农产品的需求，他们更愿意通过出卖农产品而不是通过出卖劳动力来参与货币经济。此后，国家通过支持移民农业、制定各项政策等措施提高工作努力—价格比，迫使非洲农民出卖劳动力参与经济，这就开始了漫长的、从部分无产阶级化向彻底的无产阶级化发展的过程（阿尔利吉，2000）。事实上，非洲这种通过剥夺使当地农民彻底无产化演化成为南部非洲资本主义顺利发展的最大障碍之一——造成了经济的衰退、社会的混乱。同时，当非洲人被彻底无产化时导致了城市中为争取生存工资而进行的一系列斗争。而伴随东亚大部分没有剥夺的资本积累反而实现了"农村的发展和工业化"以及经济的繁荣、社会的安宁（阿瑞吉，2009；雷弗，2011）。阿瑞吉指出，处于边缘地带国家的农民无产阶级化存在三种不同的道路：第一条与列宁所说的"容克"路线很相似，是彻底无产阶级化的大庄园；第二条与列宁所说的"美国"路线相似，是依赖市场的中、小型农场；第三条路线为瑞士路线：没有对农民的掠夺，通过远距离移民，然后回到家乡去投资（农场）和保留财产，从而导致小农场的持续存在。这种现实构成了对布伦纳的无产阶级化的单一过程以及沃勒斯坦关于生产关系与其在中心—边缘结构中所处位置之间的关系的理论批判（阿瑞吉，2009）。

事实上，在波兰尼（2007）的研究中居于主导变革力量的是社会实体，而不是阶级（包括工人阶级），与其说工人阶级的动员和反抗形成了现代社会，不如说是现代社会的需要塑造了工人阶级的动员形式和结果。波兰尼认为当主导人类社会的互惠、家计、再分配的经济原则转换为自我调节的市场时，市场扩张和社会反抗的"双向运动"就相伴而生，恰恰是市场化的力量造成了对社会整体利益的破坏，才引发了社会各群体的强有力反击。

表 4-1　波兰尼"双向运动"

	组织原则	制度化目标	社会力量	运作方法
市场扩张	经济自由主义原则	自我调节市场的确立	贸易阶级	不干涉主义和自由贸易
社会的反向运动	社会保护原则	对人和自然以及生产组织的保护	直接受到市场有害行动的影响的群体（不仅仅是工人阶级和地主阶级）	保护性立法、限制性的社团和其他干预手段

　　比如在面临第一波市场化浪潮时，市场化的力量破坏了古老的法律秩序、传统风俗、农民的公共利益，以至于农民流离失所。首先地主和贵族代表农民的利益起来反抗市场化无情力量的破坏，与此同时，封建国家通过各种法令来保卫社会，包括《工匠法》（1563）、《济贫法》（1601）、《安居法》（1662），其中最著名的是 1795 年的《斯品汉姆兰法令》规定工资之外的津贴应该通过与面包价格挂钩的方式予以确定，以便保证穷人能够得到一个最低收入，而不论他们实际挣得的钱有多少。虽然这部法令造成了民众的普遍道德堕落和贫困，但它的更大意义在于阻止，或者至少是延缓普通人的无产阶级化以及整个社会的崩溃。直到 1834 年《斯品汉姆兰法令》的废除，国家通过了《济贫法修正案》，才结束了仁慈的地主及其补贴制度的统治，工人阶级才开始形成并作为一支重要的力量在各种社会立法和工厂法的庇护下肩负起保卫社会的职责。波兰尼（2007）认为一个阶级在历史中扮演的角色取决于它与社会整体的关系，取决于它位置服务群体的广泛性和多样性，取决于它是否有能力实现这些利益。波兰尼写道，"阶级的命运更多的是被社会的需要决定的，而不是反过来，社会的命运被阶级的需要所决定"（波兰尼，2007：130）。甚至有学者批评波兰尼忽视了力量，忽视了来自底层的抗议，认为自我调节的全球市场的崩

溃具有自上而下的必然性。在波兰尼这里，工人是能动社会范畴的一部分，他们是否有力量取决于社会的需要而不是他们自身的利益。而国家并非一个独立存在的范畴，化约为市场或社会的要素，在不同的历史时期时而促进市场机制的扩张，时而保卫能动社会，在利润危机与合法化危机之间摇摆。而在中国，国家并非一个中立的范畴，国家与资本联合压制社会的发育。所以，工人的命运和力量如何展现，能否肩负起保卫社会的职责还是一个未知数。即使出现国家的保护性立法及其对经济的各种干预措施的社会保护运动，也是由精英驱动的波兰尼式过程。

（二）主观身份认同的转型

阶级意识是工人主体性认同的重要标志，是从"自在阶级"向"自为阶级"转变的过程中的关键（马克思，2006；吴清军，2006），甚至是"阶级主体形成"和"阶级排他"的中枢（李炜，2004）。有学者从新中产阶级说、新身份说和社会福利说出发，认为阶级意识已经不适应现代社会的状况，因为工人阶级已经被整合进了社会的主流价值观，属于工人阶级自己的价值和思想方式逐渐遗失在现代化的大潮中（Tally Katz，2002）。一些社会冲突取向的研究者和马克思主义理论家也认为：由于现代社会缺少了旨在改变基本的社会关系和普遍存在的"虚假意识"的激进的工人运动，这个概念的研究在现代已经失效了。另外还有学者认为，在后发展国家中，资本的逻辑依然盛行，阶级意识仍然适用现代社会，并因此呼吁回到"阶级"、回到"生产"。虽然阶级意识的话题在学术界存在诸多的争论，但争论之后连阶级意识的概念内涵都不能达成一致。笔者认为主要是由于社会的变迁导致了工人阶级群体内部的分裂、重构了工人阶级的主体性。大部分学者从"生产"的视角来研究阶级意识，或者说把"生产"视为工人阶级的自然属性、以集体主义为基础来研究阶级意识。当我们去控诉工厂体制的剥削、异化等血淋淋的关系时，同时也忽视了它的温情的一面——消费的因素。随着消费社会的兴起，消费的因素充斥着工人的日常生活和闲暇，阶级意识在这里表现为"我"的重要性胜过了"我们"，也就是说消费过程中个人建构的个体身份超越了工作过程中的群体身份，这样就打破了基于工人同质性上的集体意识，阶级主体性是以个体的形式表现出来的。

阶级意识论题不仅处于马克思主义理论和政治争论的中心（赖特，2006），在社会学领域也是一个备受争议的概念。一般认为阶级意识的研究是从马克思开始的。马克思认为，"人们自己创造自己的历史，但是他们并不是随心所欲地创造，并不是在他们自己选定的条件下创造，而是在直接碰到的、既定的、从过去继承下来的条件下创造。一切已死的先辈们的传统，像梦魇一样纠缠着活人的头脑"（马克思，1995：585）。这里显示出客观结构和主观行为之间的唯物史观的关联性。这种方法论在《哲学的贫困》中被用在了阶级分析上，区分了自在的阶级和自为的阶级两种形态，前者是指处于客观的经济社会结构中的地位反应。后者不仅指涉客观存在的社会结构，更重要的是指主观上意识到所属群体的社会地位，积极地进行身份认同并付诸实践以实现阶级的历史使命。这种转变的过程也就是阶级意识形成的过程，马克思（2004）认为阶级意识并非随着资本主义的发展自发产生的，而是伴随着社会化大生产的推进，工人阶级会自发地反对资本家，在斗争中逐渐地联合起来形成自为阶级的现象。"工人在发现自己的同时也就发现了自己的敌人。"所以这个"自为阶级"的表达不能脱离了它的行动的、动态的语境：工人阶级是"斗争中的""联合起来的""自我构成的"活动，是一个斗争、联合和构成的历史进程。

马克思并没有提供一个正式的阶级定义，更不用说阶级意识了（阿隆，2003）。这样就为以后学术界的争议埋下了伏笔。但是他的著作显示了他的整个理论与阶级行动、政治动员、组织能力、阶级内部的凝聚力以及其他阶级的关系都有密切的关系。可见在马克思的阶级意识的话语体系中包含两个方面：其一是客观的社会结构和具体的社会情境，决定了阶级成员的策略行动和性情倾向；其二是社会成员主观上积极的选择性行为。后来的对阶级意识的研究往往倾向于其中的一个方面，或者试图弥合这两者之间的张力。

首先，将阶级意识视为集体主义的象征。卢卡奇认为阶级意识只能是一种针对客观社会结构的群体现象而非个体现象，"阶级意识就是理性的适当反应，而这种反应则要归因于生产过程中特殊的典型的地位。阶级意识因此既不是组成阶级的单个个人所思想、所感觉的东西的总和，也不是它们的平均值"（卢卡奇，1999：107）。所以阶级意识是作为阶级整体的属性，而不是构成阶级成员的个体属性。而有了群体意识并非阶级意识，只有当这种群体意识参与到社会历史的进程，"变成意识的对阶级历史地位的感觉"（卢卡奇，1999：136）的时候，阶级意识才算真正形成。可见阶级意识是在生产过程中被赋予的集体表象的过程，至于这种过程是怎样实现的，不同的学者有不同的观点。

　　列宁的"阶级灌输论"认为，阶级意识对于政治斗争实践来说是不可缺少的行动觉悟。这种觉悟"只能从外面灌输给工人，即只能从经济斗争范围外面，从工人同厂主的关系范围外面灌输给工人"（列宁，1986：363）。并且认为工人阶级仅凭自己的力量只能形成工联主义，所以在阶级意识形成过程中工人必须组织成工会，在与资本家斗争的过程中要有无产阶级政府和政党进行思想的改造和洗礼。而葛兰西认为资本主义时期"市民社会"的出现，主要体现在各种政党组织、社会团体以及政治经济制度上。在这些地方由于资产阶级知识分子有良好的文化素养、组织条件、国家资源等，他们能更好地把资产阶级的一套价值体系向全社会灌输，形成了把统治和说服、支配与认同结合起来的资产阶级"霸权"统治。在这种情况下，传统无产阶级的游行、示威、罢工甚至是革命等"运动战"的形式，已经不合时宜或者取不到很好的效果。所以工人阶级要形成自己的知识分子队伍，在各种市民团体中与资产阶级知识分子进行意识形态的斗争，只有在这些地方取得胜利，推翻资产阶级的霸权统治，才能更好地启迪无产阶级意识。这个长期的斗争过程、与资产阶级争夺意识形态统治权的过程也就是"阵地战"意义上的过程（葛兰西，2000；沈原，2007）。可以称这种学说为"阶级启蒙说"。

　　这种阶级意识的集体主义方法论并非一枝独秀地绽放在社会科学领域。这种方法论在哲学层面的或者形而上学层面对阶级意识进行思考和批判，并直接导致"结构—意识—行动"（SCA）模式的形成（特纳，2005）。当我们转向实践层面、个人层面的时候，阶级意识又是怎样一种状态呢？

第二种认为阶级意识是阶级成员的个人属性，认为宏观阶级意识现象可以还原为微观的个人现象，社会的客观结构和条件并非直接导致阶级意识的形成和阶级行动的出现。这种方法倾向于用社会调查的方法来研究社会成员的阶级意识现状并预测未来。20世纪40—60年代，世界各地的社会运动、工人运动此起彼伏，学者们沿着马克思传统的"斗争的阶级意识""工会与工人运动的阶级意识"的思路，将阶级意识分为三个方面：（1）居于相同地位的工人具有强烈的意识和共同利益；（2）在明确的利益基础上与其他阶级进行斗争；（3）通过阶级斗争达到未来社会的状态（Ron Eyerman，1982）。Goldthorpe 和 David Lockwood 在这种定义基础上研究了二战后英国工人阶级的意识。然而他们研究发现事实并非如此，据调查显示：自从二战以来英国的工人阶级的态度发生了很大的转变。并且指出，有不少英国工人阶级接受了中产阶级的价值观而不再有工人阶级的集体意识，对他们来说，工作不再是界定他们生活特征的中心环节。结果，工人对工作表现出工具主义的态度。因此，他们尽管把自己视为"工人阶级"并继续支持他们的劳工党和工会，但是对这些行动的意义的理解发生了重大的改变。工作以及工会等组织被视为一种达到更高生活水平和增加闲暇时间的工具，并不是传统马克思意义上的培育激进的阶级意识和创造社会主义社会（Goldthorpe、David Lockwood，1969）。

吉登斯特别区分了"阶级革命的意识" 和"阶级冲突的意识"，前者仅在某些特定的历史时刻才会出现，后者指的是一种持久的工人对管理人员对立的态度和情感。我们通常所指的阶级意识指的是后者。吉登斯认为阶级意识包括对其他阶级的认知、对自身阶级身份的感知、对自身阶级与其他阶级的利益对立的认识三个层面（Giddens，1973）。这样就为个体的主义方法论的定量研究指明了方向。也有研究者研究工人阶级内部的不同群体——钢铁工人、纺织工人、服务人员——以及增加收入、地位、种族、文化等变量进行意识形态的探讨（李·特纳，2005；赖特，2006）。

个人主义方法论视角的具体研究方法有多种取向，虽然有学者从心理学和个人之间的互动形式来探讨阶级意识的形成与特点。比如埃尔斯特在理性选择理论的基础上建构了阶级意识的理论，并将其定义为在实现阶级利益时克服搭便车问题的能力（Jon Elster，1985）。马歇尔则从社会成员的竞争、合作与冲突的现象谈论社会成员阶级认同和阶级意识的问题（马歇尔，2007）。但处于主导地位的取向是社会学的量化研究方法。

起初有学者沿着马克思的阶级二分法的路径，为了更好地对阶级意识的倾向进行测量，将其划分为五个指标：（1）认为阶级结构是二分的；（2）确立阶级地位的标准是经济的；（3）阶级间的关系是对抗性质；（4）阶级是具有凝聚力的整体；（5）阶级的必然性（Jerome G. Manis and Bernard N. Meltzer，1963）。但是后来的学者逐渐抛弃了这种正统的马克思主义的量化研究，形成了一套完整的理论和研究方法。

这种个人主义方法论在调查研究的运用的代表人物是赖特，虽然他承认阶级意识是"众所周知的难以测量"，但是这种定量的方法能够测量出阶级意识中比较稳定的部分，如态度、阶级斗争等，并反对没有经验研究的意识形态探讨，并用这种方法做了大量的经验研究（赖特，2006）。Rhonda Zingraff 和 Michael D. Schulman 用量化研究方法发展了这个学说，并用这种方法探讨了纺织工人的阶级意识，他们把阶级意识限定在阶级冲突的范围内，并从收入、工会组织、种族和工作现状四个方面进行阶级意识的测量，并将阶级意识概念化为四个方面：（1）阶级认同，指工人把自己置于工人阶级的地位并与资产阶级相对立；（2）阶级表达，包括个人用阶级的观点来解释社会生活，解释为什么穷人穷、富人富等问题；（3）阶级行动，指基于阶级利益通过集体行动达到特定的目标，这里假定阶级成员为了满足他们的需要经常采用这种手段；（4）阶级意识的平等主义，包括在工作场所中坚持工人的控制地位，倾向于经济的再分配和改变资本主义制度（Rhonda Zingraff and Michael D. Schulman，1984）。无独有偶，有学者在研究工人阶级白领的阶级意识时也将其概念化为四个方面来测量不同地位的工人阶级群体的阶级意识水平和表现：（1）阶级认同，工人阶级身份的归属感；（2）阶级敌对，与管理者的利益对立；（3）支持工人自我管理；（4）战斗性，愿意利用"罢工"这个工人阶级的传统武器（Steven P. Vallas，1987）。

Andrew W. Jones（2001）参照 Rhonda Zingraff 和 Michael D. Schulma 的阶级意识四个层面，用来研究服务工人的性别与阶级意识的关系，指出赖特（2004）的阶级意识操作化的不足。由此，他用定量的方法将阶级意识操作化为如表 4-2 所示：

表 4-2　阶级意识指标

阶级意识概念操作化	问题的操作化
阶级（冲突）表达	（1）企业所有者的利润是以牺牲工人和消费者为代价的 （2）大公司在今天的美国社会中有太大的权力
阶级行动	（1）在罢工期间，法律应当禁止管理者另行雇用工人来代替罢工者 （2）想象一下当重点企业的工人争取他们的工作环境和工资时，下面哪一个结果是你最希望看到的： ①工人赢得了他们大多数的重点要求；②工人赢得了他们一些要求并做出了让步；③工人仅仅赢得了很少的要求并做出重大让步；④工人复工并没有赢得任何要求
对平等主义的追求	（1）如果有这样的机会，非管理者的雇员在没有老板的情况下在其工作岗位上能够有效率地工作；（2）现代社会即使没有利润的驱动也可能有效率地运行

　　这种研究阶级意识的定量方法在取得长足进步的同时也招致很大的批判。在这种情况下，有学者重新考虑社会的客观结构、社会情境，把阶级成员视为行动者，这样就把阶级意识视为一个过程，一个工人阶级与社会环境互动的过程。马克思所讲的完全成熟的阶级意识是很少见的，由于阶级内部的不稳定性，即使存在阶级意识也不会持续很久。我们应该把阶级意识视为正在形成的过程（Morris and Murphy，1966；Lopreato and Hazelrigg，1972）。

　　阶级意识的集体主义和个人主义的方法论视角并不是前后继承的关系，而是研究阶级意识的两条不同路线。特别是后者，随着社会调查技术的发展逐渐占据主流，他们将客观的社会结构视作社会的背景不予讨论，用量化的方式来研究社会成员的态度、情感。这难免会被批评为"阶级意识被视为静止的、个人的现象，把阶级意识从社会行动和阶级实践的环境中抽离出来"（Rick Fantasia，1995）。在研究阶级意识中，调查研究的方法暗含一些有争议的假设。Marshall 把对其的批判总结为下以几点。（1）调查研究把孤立的个人回答作为主要的数据来源，得到的资料具有个人主义的偏见。尽管他们假定个人的态度能够等同集体意识的形式，但是主体间性的意义建构在阶级意识中很难得到理解。（2）调查研究倾向于记录固定的、静止的实体，最小化在阶级意识中的变化、成熟和矛盾的过程的意义。主体间的意义被忽略。（3）调查研究倾向于把阶级意识视为存在于个体意识中的现象，被视为意识的表达。（4）假定大多数所需的态度、概念或信念都能通过话语和文字表达得到认识。（5）态度和概念是主观的、非情景化的，是脱离了阶级实践和社会关系而赋予的意义。（Marshall，1983）。

定量研究的这些缺陷，研究者至今都没有很好地解决，或者说这些是定量研究方法本身的局限性造成的，是无法克服的难题。有些学者既不愿意放弃阶级成员的结构性制约因素，也不愿意放弃社会成员的个人属性，试图把这两个方法论结合起来，就逐渐形成了文化转向的方法。这种方法不去研究什么是阶级意识，或者说不把阶级意识视为一个具体的研究对象。而是通过利用历史的、种族的和参与式观察的技术将阶级意识视为一个过程，一个不断变化、流动的概念。

第三，将阶级意识视为主观的文化体验。汤普森通过将阶级概念化为历史的活动和关系的过程，将阶级意识定义为阶级实践的文化表达（汤普森，2001）。汤普森展示了工人阶级的自我活动如何建构一个相对独立的工人阶级文化，他的分析主题是"文化"，包括研究各种表达方式的象征（仪式实践、风俗的变迁、随着新的团体出现对传统模式的改变和挪用）。这样就扩大了工人阶级意识的实践范围，不局限于工作中探讨阶级意识的形成，其范围还包括：阶级的闲暇活动、家庭仪式、社区生活、社会俱乐部、互济会和工会等。

在阶级意识研究中，这种对"阶级体验"的强调，受到越来越多学者的青睐（Kaye and McClelland，1990）。最近，特别是"后结构主义"历史学家强调基于这种"阶级体验"上的语言在阶级意识行程中的决定性地位。Steinberg 强调具有冲突性的话语和意义在塑造阶级意识中的重要性。他在针对 19 世纪英国的编织工和纺织工的历史学分析中认为，不同群体间冲突的一个关键要素是"流行话语"。并且他认为阶级意识是工人阶级与资产阶级的冲突中，在资产阶级主导的话语体系框架中建构起来的，是工人阶级运用、挪用资产阶级的话语体系（而不是工人阶级自己的语言），并把自身的意义置于其中的过程（Steinberg，1993）。所以阶级意识是语言实践和意义建构的结果。在 David Wellman 描写的旧金山码头工人的政治文化中，也把语言看作是非常重要的因素。他分析了码头工人的话语、码头的工作语言实践，并且分析了工人用来感知和维持日常管理以及表达他们工作中尊严的日常语言。他认为这种工人的基本日常实践为具有战斗性的工人阶级文化奠定了基础，从而催生了阶级意识（Wellman，1995）。

这种将语言体验视为阶级意识的关键因素，虽然避免了定量的研究方法脱离工人日常实践和环境的缺陷，但有落入"语言的牢笼"的嫌疑。语言是工人阶级用来表达情感、态度，理解彼此的重要工具，但脱离了生产的体验、生活中的具体体验，语言就变成了没有实际内容的干瘪的形式。我们要研究的不是从语言的结构和体系到工人阶级的日常实践和体验，而是一个相反的过程。

二、西方社会中个体化的历史

个体化是基于西方特殊的历史和社会文化逻辑所形成的概念。指的是西方的现代性把人们从固着的角色中、传统性安全的保护下解放出来后，个人在面临新的社会事实时是如何重建身份认同和自身的安全感的。在涂尔干的理念中，个体化只不过是一种分享神圣社会生活观念的结果，是源于社会分工导致社会组织结构由机械团结转向有机团结后，功能性的结构依赖需要。所以，个体化不同于个人化甚至与之相反，个人化指的是各种情感、感觉、意识、行为等人格特征，而个体化是指摒弃一切人格特征后的集体性生活的理念，这种理念不同于机械团结社会中淹没个人的集体生活，而是有机团结社会中功能依赖的集体生活（涂尔干，2011）。而按照贝克的理解，个体化的进程包括三重维度，即脱嵌、去魅、重新植入。从历史进程来看个体化，其实并不是一个最近出现的现象，比如在现代性初露端倪的文艺复兴时期、资产阶级革命时期都有过个体化的现象。个体化"是有关社会制度以及个体和社会关系的一个结构性的、社会学的转变"（贝克，2011）。所以个体化描述的是在特定社会转型中，个人如何在社会制度结构中安身立命的过程。历史性地看待西方工人个体化的历程，可以分为两个阶段：市民化的个体化（新自由主义的个体化）和制度化的个体化。

（一）市民化的个体化

西方的农民市民化伴随着无产化的过程，无产化历程的论点或研究取向有两种。第一种论点将其看成是直接生产者的其他生活资源逐渐减少或逐步被剥夺，不得不依靠出卖劳动力、换取工资、谋求生存的过程。这种视角的分析大多来自历史学家，可以称之为一种"人均的无产阶级化历程"的研究取向。第二种论点来自社会学家的阶级分析研究，将无产化历程等同于无产者在劳动人口比例中的增加过程，将其视作一个雇佣劳动者逐渐由低度无产化的产业类别（生产位置）向高度无产化的产业类别（生产位置）移转的过程。这种研究取向可称为"经过阶级位置变化而实现的无产阶级化历程"（刘建洲，2013）。其实，第二种研究取向是以第一种研究取向为基础和前提。农民要想转化为无产者首先要完成无产化的历程。

市民化的个体化主要发生在西方的工业社会时代。马克思认为农民的市民化与个体化的过程是同步的，只不过剥削和压迫的社会现实使得阶层的逻辑掩盖了个体化的逻辑，"这个过程一方面使社会的生活资料和生产资料转化为资本，另一方面使直接生产者转化为雇佣工人"（马克思，2004：822）。在19世纪工业革命与法国大革命的冲击下，社会结构变革与经济基础改变使社会分工日益复杂，同时人们的身份开始由附属于封建君主的臣民转变为独立个体，因此他们必须在社会结构改变过程中发出自己的声音，共筑新政治经济共同体以维护自身利益。马克思在这一过程中敏锐地指出，在生产力快速发展的情况下，大量的失地农民在失去生产生活资料的情况下不得不进入城市成为"自由劳动力"。"资本主义制度却正是要求人民群众处于奴隶地位，使他们本身转化为雇工，使他们的劳动资料转化为资本"（马克思，2004：827）。在封建王国内部早期资本原始积累过程中的"血腥法案"将城市强制成为无失业的状态："詹姆斯一世时期，游荡和行乞的人被宣布为流浪者……这样，被暴力剥夺了土地、被驱逐出来而变成了流浪者的农村居民……被迫习惯于雇佣劳动制度所必需的纪律"（马克思，2004：845）。最终，随着时间流逝，土地和劳动者的关系被"理所当然"剥离，土地作为生产资料象征与劳动者的关系似乎从未出现过，仿佛他们一开始就是作为资本主义生产方式的一部分存在。劳动者只能通过在资本家剥削剩余价值后获得工资性收入，他们劳动所生产的商品则与他们没有直接关联，此时工人们的生活方式则脱离了劳动本身，而是与由货币和商品组成的市场紧密相连。

在西方，工人阶级形成的过程与其从传统中脱嵌出来的无产阶级个体化过程是同步的，只不过在此进程中阶级化的逻辑掩盖了个体化的逻辑。农民在无产阶级个体化后陷入极端贫困化状态，集体体验的贫困迫使他们通过阶级的形式来应对生活的不确定性和重建身份认同。随着消费社会的凸显，加上不同国家和地区的经济、文化发展历史和现实逻辑下，从熟悉的乡村社会来到陌生的城市谋生活的农民如何应对生活的不确定性？又是如何看待自身的社会位置？对此，一些主流的颇具影响的研究成果主张，工人阶级主体是农民的最终归宿，也就是说半无产阶级化的农民工势必会转化为完全无产阶级化的工人。与此类观点不同，笔者认为在形态各异的历史和现实的约束下，农民不仅难以形成具有自身组织形式、制度保障和集体权利诉求的社会集团，而且很难借助阶级的工具来改善自身生活的境遇，只可能形成一种以个体为基础的反抗或和解的文化。

市民化的过程其实就是把农民从封建土地制度束缚中、从传统的制度文化和生产方式中解放出来的过程，正如马克思所言："一切等级的和固定的东西都烟消云散了，一切神圣的东西都被亵渎了。"（马克思，1995：275）当工人通过斗争完成了解放政治的范畴，新生的工人在政治权利、社会基本权利以及新自由主义市场经济的庇护下进行确定性的个体再生产。

（二）制度性的个体化

制度性的个体化是自反性现代化的结果，"现代社会凭借其内在活力暗中削弱着阶层、职业、性别角色、核心家庭、工厂和商业部门在社会中的形成，……一种现代化削弱并改变另一种现代化，这便是我所说的自反性现代化阶段"（贝克等，2001：5-6）。在二战后欧洲经济恢复的"黄金时代"中，西欧处于冷战前线，同时是消费品种类繁盛的大市场。此时欧洲面临社会动荡，各类广告、新发明等不断重构欧洲消费者的生活方式与认知，"福利国家"与自由市场的期许使得欧洲社会呈现一种丰盛和动荡的复杂景象。而鲍德里亚反驳加尔布雷斯赋予"消费社会"一种充足、华美的商品社会景象，其实是一种商品总量极大充裕而产生的假象："'物质丰盛的社会'与'物质匮乏的社会'并不存在……因为不管哪种社会……都既建立在结构性过剩也确立在结构性匮乏的基础之上"（鲍德里亚，2000：38）；其次"消费社会"本身是一种新体系——"符号体系"产生的象征，它意味着人对物的认识被物本身所掌控，或者说就"物"而言人除了赋予它们意义外少有作用，甚至可以离开人而完成"意义"自我运行。作为在生活与市场分离、传统家庭的解体和个体化过程中的个体，其不得不独立面临社会风险。更为重要的是，现代社会中的就业市场和各类社会交往规则事实上创造了一种制度化的人生模式："个体化的私人生活愈发严重而明显地依赖于社会状况。这样的生活彻底脱离了人们的亲自掌控……制度性生命历程模式叠加在了等级的、阶级文化的或家庭的人生节律之上……这种新的模式体现为进入或退出教育体系，加入或退出雇佣劳动"（贝克，2018：160-161）。在工业社会中作为国家治理、经济运行、社会活动中最为核心的家庭结构也受到冲击并逐渐演化为以个体形式独自面对生活，此时"符号系统"自我运转力量相较于越来越势单力孤的个体而言更为强大。海量外在信息和事物的支配使不同职业间的认知、专业知识和活动范围差距不断增大，并在因分配不均产生的巨大差异下使得越来越多的个体不仅陷入物质生活贫困，同时陷入认知贫困，难以理解社会中出现的多样化理念和新事物。经济分工以统一标准、提高生产力、减少损耗与成本作为目标，但个体是以全身心形式参与社会生活，需要对不同可能影响自身生活的事物做出解释以保证认知与客观事实的统一，个体认知成本反而不断上升，个体间联合成本不断增加，而这部分成本并不被资本家所承担，使得生产过程中的劳动力和生活中的个人面对日益增大的压力。

在消费社会中，个人的消费并非满足自身客观的经济需要，这里的需要是社会文化的建构；是社会生产体系的维持需要这种建构的需要。社会系统通过符号建构一个消费系统，来解决自己生产过剩的危机（鲍德里亚，2009；鲍德里亚，2008）。就像奴隶社会需要的仅仅是填饱肚子的奴隶，工业社会需要仅仅从事生产的工人一样，消费社会需要的是高水平的消费者。阿苏利认为，对非必需物品的审美品位是经济飞跃的绝对必要条件，工人也开始有自己的品位和审美愉悦，也不仅仅满足于果腹之欲的最低层次需要（阿苏利，2013）。由此，工人个体化的趋势并非建立在自由选择的基础上，而是一种强迫性，"不仅是自己个人生活的生产、自我设计和自我上演的强迫性；随着偏好和生活阶段的变更，它也是个人生活的承诺和关系网的强迫性"（贝克等，2001：20）。这种强迫性不仅形成了建立在个人作为指导中心的反思性规划，更构成了风险社会的一个重要维度：生活性风险（肖瑛，2012a）。

如果说市民化的个体化给工人提供确定性和身份认同的保障，并以此为基础形成了与资产阶级相抗衡的力量推动了社会的进步。那么制度性的个体化则是一种工业社会体系在其最发达阶段自我革命的后果，虽然看上去社会标准和确定性遗失，但个体成为生活中心的同时促使了个人自我的发展和进步。其实这种个体化是在各种教育体系、职业生活、社会保护体系、消费社会体系及其各种指导守则的制约下进行的，个体化的进程伴随着一致性和标准化（贝克，2004）。也就是说，这种个人的进步是受控的反升华。

个体化和碎片化的个人所面临的不平等并没有消失。工人从传统的认同中剥离出来后，以前群体性的困扰（如社会不平等、剥夺感等）由个体来面对。由此出现的社会问题和个人失败被归结为个人缺陷、愧疚感、焦虑、冲突及紧张。即使个体面临同样的困扰也不能团结来共同与之对抗，有共同境遇者相伴的唯一的好处在于使每个人确信，每个人的生活都充满了风险，需要独自面对并与之抗争（贝克，2011）。别人的不幸和失败变成了个人最有效的解毒剂，散落的个体是无法为了一个共同目标采取共同行动的，即便集体体验的不平等也不例外。托克维尔认为个体是公民的头号敌人，因为个体往往对公共利益、良好社会或公正社会漠不关心，疑虑重重（托克维尔，2010）。同时，个体化的个人对阶层的概念造成严重的冲击，个体而非由个体组成的群体成了工人生活世界中的基本单元。这不仅意味着企业与工厂丧失了在冲突和认同形成过程中的重要性，更意味着工人集体性个体化的过程，传统群体模式的失效和终结导致了群体身份认同历史新篇章的形成（贝克，2004）。

制度化的个体化是在各种制度的裹挟下为了适应现代社会系统自我再生产的结果。消费社会的到来克服了工人物质贫困化的状态。由此，物质效用的边际递减促使了工人由物质主义价值观向后物质主义价值观转变（英格尔哈特，2013a；英格尔哈特，2013b）。在这种价值观引导下形成一种以个体为基础的新社会形态。在这种社会形态中，只有以"社会理性"为前提，通过"亚政治"或"生态政治"来克服个体的孤寂感，重建公共生活（肖瑛，2012）。

三、个体性：主体性重构的一个重要维度

市民化个体化的结果使得工人身份认同得以形成，而在反思性现代化条件下，工人的物质生活贫困化的约束消除，并且随着消费社会的兴起，制度化的个体化逐渐居于主导地位，即工人从阶层中脱嵌出来形成一种自反性的个体状态。个体的生活境遇不仅对其价值观的转变有深远影响，而且决定其生活和反抗形式——集体的或单独的个体（英格尔哈特，2013a；英格尔哈特，2013b；贝克，2004）。

目前西方学术界关于工人阶层研究的取向有三种路径。第一种路径是把工人群体与个人的属性和物质生活相联系，其主要代表是现代分层研究。这种观点认为，阶层的基础是个人属性及其物质生活状况，比如年龄、种族、性别、智商、教育、宗教相关，当然还有一些社会学家提出包括更多的个人属性的范畴，例如文化资本、社会关系和个人动机。技能、教育和动机

等个人属性是决定个人经济前景的重要因素，但这种观点没有考虑人们所占据位置的不平等性，或者说这些位置间的本质关系如何。正如威利斯研究所证明的，对整个工人阶层的位置而言，其单个人的流动没有太大意义，即便是学历和文凭也并非要提升人们的身份地位，而是身份区隔的一种表现形式（威利斯，2013）。

　　第二种路径是将工人群体视为特定社会位置赋予人们获取机会的能力，其主要代表是韦伯式的传统。此种观点认为，社会中的排斥机制控制着人们获取资源的能力，从而决定着人们的阶层地位。这些排斥机制不仅包括肤色、性别、宗教、口音、教育、资格认证等个人属性，更重要的是对私有产权保护的排斥机制决定了人们在市场上的获取机会，从而决定了人们的社会位置。如果按此种观点来研究工人群体的话，社会中存在三种群体，即资本家，被私人财产所有权的保护界定；中产，被获取教育和技能的排斥机制界定；工人，被获取高等教育和资本的双重排斥机制界定。由此可见，个人属性的路径认为个人生活境况的优劣取决于个人能力，即富人之所以富是因为他们有致富的特性，穷人之所以穷是因为他们缺少这些特性。要想改善个人的境遇，必须提升自身的教育、文化层次、人力资本。而在获取机会的路径看来，富人富是因为穷人穷，富人维持他们的财富是建立在穷人劣势地位的基础上。所以，消除贫困首先要消除排斥机制，这将要损害富人的优势地位。

　　第三种路径把工人设想为被统治和剥削机制结构化的结果，其主要代表是马克思主义的传统。这种研究阶层的路径与韦伯式的研究路径相似，都认为收入和财富的不平等与社会结构相联系，并由权力关系的实践来维系，而不是由个人的行为来决定。不同的是在韦伯那里，私人所有权决定了人们的市场优势和获取机会从而维持了工人群体的再生产，但是在马克思这里，对获取机会有决定影响的因素是统治和剥削。统治指的是控制他人活动的能力，剥削是指从所统治的劳动力那里获取经济利益。也就是说，韦伯更倾向于关注人们的生活机会是如何被社会身份决定的一个层面，而马克思更关心工人是如何决定生活机会和剥削两个层面。在马克思那里，统治和剥削是两个带有道德判断的概念，是两个带有物质利益冲突和对抗的概念，而在韦伯看来，在现代社会理性化的背景下，当经济行为按照工具理性的行为方式重组时，统治和剥削应当被视为在生产系统的技术效率和劳动刺激下产生的问题而不是基于经济利益上的激烈对抗。由此，剥削是一种纪律和文化而不是严密的监视、惩罚等暴行，这种更具价值的中立的概念也就缺失了马克思个人解放的信念从而陷入"理性的牢笼"（Wright，2002）。赖特认为在现代社会中的结构差异性是由这三种机制间交互作用所导致，所以他试图建立一种整合这三种研究路径的解释机制来取代这三种范式的斗争。而赖特坚持把马克思主义的工人分析法视为解释的主要机制（Wright，2009）。

事实上，这三种研究观念来源于其不同的社会背景和个体化形式，后两种是在市民化个体的历史背景下形成的阶层范式，而第一种工人群体观念则是在制度化个体的境遇下逐渐成形的范式。

四、小结

如王国斌的研究认为，当我们追求唯一可能的结果时，我们是在使用决定论的逻辑对整个事件做简单的解释，历史上曾经发生的事件并不意味着它们"必然"发生，事实上也许会得到最不可能发生的结果（王国斌，2009）。在双重个体化背景下的农民如何重建公共性，需要回到各国的历史和现实中探索其可能的发展前景。面临如此多样的工人范畴，加上工人行动主义在很大程度上植根于前工业化时代长期形成的惯习之上，同时，工人如何感知和解释他们的物质条件并对此做出反应，受到传统、价值体系、理念和制度形态的影响（裴宜理，2001；汤普森，2006）。

从生产社会向消费社会的转型，不仅意味着工人的生活方式和思维习惯发生着变化，更意味着建立在生产社会基础上的生活观念也将发生变异。当转瞬即逝的消费社会替代恒久性的生产社会时，如何看待当前群体间关系将是一个值得探讨的问题。正如霍布斯鲍姆（2011）认为的，在19世纪末期，工人基本上与社会隔离开来，他们有自己的生活方式和衣着打扮，经济上的窘迫使他们不得不通过集体的生活建立彼此之间的认同，并和其他社会阶层区分开。也即，工人用"我们"支配了"我"，并通过集体行动改善自己的状况，逐渐形成一支政治力量。然而，随着经济的进步，大众消费社会的来临彻底改变普通大众的生活状况。从而导致主体何以安身立命演变成一个迫切的现实问题。

第五章 历史、现实
与流动人口的主体转型

　　西方社会的主体性转型有其历史和文化局限的特殊形态，如果用来分析中国社会的个体化的现象不仅犯了错置具体感的谬误，更遮蔽中国社会个体化的具体历史和特有的逻辑。事实上，农民工在中国社会中正在经历着一次个体化转型，即在无法抗拒的独立和个人主义的压力下，通过去传统化、脱嵌、书写自己的人生来创造属于自己的生活。但是中国的个体化是在国家的管理、民主文化和福利体制欠发达以及古典个人主义的发育不充分的背景下进行的（阎云翔，2012）。个体化的进程是多维性的，必须摆脱民族的、欧洲的经验束缚，中国社会的个体化形态是在其特有现代性驱使下的结果，而并非个体化的不足。中国历史上并没有如欧洲历史所显示的那样经历过一个残酷的市民化的历程，更不用说促成以大规模的资本和资源消耗性的资本主义生产方式，分析其原因是由其经济发展模式和政治文化结构导致的。

一、中国流动人口市民化的历史和现实制约因素

（一）流动人口市民化的历史制约因素

第一，中国近代经济增长模式是以市场为基础的斯密型增长，实质是一种经济改善的过程，是以分工、竞争、规模经济效益以及螺旋式经济发展。但是斯密型的发展受到人口和资源的限制，并受到市场规模的制约（斯密，2009；阿里吉，2009）。工业革命前夕，欧亚大陆同样面临脆弱的人口—资源比，而西方通过殖民掠夺、军国主义传统、新技术和新能源的利用等突破了斯密型发展的约束，通过工业革命后走向资本密集、能源消耗型的资本主义发展道路，相反，中国走向一个更加倚重资源节约、劳动力吸纳型的道路（彭慕兰，2004；阿里吉，2009）。这种以户为中心或以村庄社区为中心的劳动力吸纳型制度框架被杉原薰称之为东亚的"勤劳革命"（杉原薰，2006）或被黄宗智称之为内卷式的增长（黄宗智，1986）。李伯重通过对江南手工业的研究，认为江南近代工业的主要制约因素是能源和材料，加上受制于国内市场规模，这种典型的斯密型增长即使没有国外的入侵，也几乎不可能在中国造成工业革命并促使其走向资本主义发展道路。相反，家庭手工业和小作坊的生产方式居于经济生活的主导地位（李伯重，2000）。对此，有学者提出中国形成了自身特有的劳动密集型家庭生产与西方以雇佣工资劳动为基础的资本密集型单位生产相区别，这两种生产方式并无优劣之分，更没有哪种生产方式代表"进化"和"发展"，而是两种并行的发展模式（王

国斌，2005；黄宗智，2010b）。中西方经济发展模式的分野造成了农村劳动力转移的不同境况。

第二，西方资本主义发展预示着农业生产者从维持他们生活的生产资料中分离出，即市民化（马克思，2004；Brenner，2005）。在英国，早期工业的发展，为农村居民开创了收入的新来源并形成一种城镇现象，农村劳动力开始向城镇转移（Levine，1977）。梯利认为，早在19世纪前的几个世代，逐渐与土地失去直接关联的工人阶层就已经出现（梯利，1984）。与此同时，资本密集型的、生产不间断以及劳动生产率高的令资本家认为是合算的工厂大量出现（Mendels，1972）。然而在中国，农村的初始工业化并没有创造出一个类似的工人阶层，这部分人从农村人口中游离出来而得以进城工作。相反，手工业的出现始终是作为耕作的补充的"副业"活动，并且使得中国农民与土地的联系更加紧密，形成一种靠耕作和手工业两条拐杖支撑的谋生模式（王国斌，2009）。因此，在中国占主导地位的仍然是以农村为基地的手工业生产，加上人口资源比的约束，人们不愿进行资本投资以提高劳动生产率，这种半耕半工的生产模式不仅比工厂模式的生产有更强大的竞争力，还为维持家庭所有成员（包括妇女、儿童和老人）充分就业的前提下改善生活条件做出了贡献（李伯重，2000；黄宗智，2010）。

这种半工半耕的生产模式一直持续到今天，其表现形式是以城乡二元格局为前提的农民工的出现。但是与西方最大的不同是，中国的农民工并非像个体的产业工人那样独自面对自己的诸种事务，而是嵌套在家庭中，以家庭为主要单位的小农生产仍居于主导（黄宗智，2011；黄宗智，

2012a），只不过家庭单位由过去"半耕半副"转变为现在的"半工半耕"（黄宗智，2010）。所以，农民工在中国并没有演变成彻底的市民化的工人，而是形成了在家庭承包均分制度下的"没有市民化的资本化"（黄宗智，2012b）或者是一种中国式的小农经济——在"代际分工为基础的半工半耕"结构基础上的农业经营与农民生计模式（贺雪峰，2013）。所以，农民工既非传统意义的产业工人，也非传统意义的农民，而是半工半农、亦工亦农的农村户籍人员（黄宗智，2013）。这种在城乡二元结构下的小规模农业不仅在我国将长期延续并构成我国经济发展的比较优势，还将是应对个人危机和社会经济危机的重要载体，任何不顾中国历史和现状的发展模式（比如舒尔茨所主张的以完全私有化、追求最高利润的企业式的农业制度）都将导致更大的灾难（温铁军，2012）。

最后，中国历代都把维持一个独立的小自耕农阶层作为社会稳定的基础，汉代甚至通过授田制创造一个自给自足的农民阶层来避免对地方精英豪强的依赖（钱穆，2005）。而农村手工业的发展，是在有助于大量人口附着于土地之上的前提下才被提倡和鼓励的。而那些脱离土地的人都对国家和社会具有潜在的危险性，不论他们是行商坐贾、贩夫走卒抑或是僧道乞丐（孔飞力，2012）。与西方形成国家与社会二分的治理模式不同，中国的近代性表现在如何维持国内秩序和教养人民，国家如何对社会进行大规模干预以解决贫困问题和周期性的农民运动。最终中国共产党通过革命的形式建立了对社会"全能"控制的"体制"实现了对地方的有效治理，形成了中国的近代国家（孔飞力，2013；王国斌，2009）。张鹏认为一直到经济私有化和市场力量增强的今天，政府的力量也并没有衰退的迹象。

同时，流动人口虽然并不算城市政府真正的管理对象，但也没有形成所谓的"公共领域"，反而在政府的参与下呈现出一种新的治理形态，一种披着传统外衣但高度商品化的庇护网络（张鹏，2013）。在国家的管控下，农民工如何面对自己的生产和生活，是一个历史和经验的问题，农民工的现状并不仅仅是市场竞争和资本剥削造成的后果，更重要的是在国家的支持和推动下的表达和实践的分离（黄宗智，2010）。

（二）多元经济结构现实下的市民化路径

学术界对城市化的定义呈多样化态势。在国内，城市化被界定为：（1）社会生产力变革所引起的人类生产方式、生活方式和居住方式改变的过程（谢文惠，1996）；（2）居住在城镇地区的人口占总人口比例增长的过程，亦即农业人口向非农业人口转变并在城市集中的过程（吴楚材，1996）；（3）一个综合的、系统的社会变迁过程，它包括人口城乡之间的流动和变迁、生活方式的改变、经济布局和生产经营方式的变化，还包括整个社会结构、组织、文化的变迁（王春光，1997）；（4）人口向城市或城市地带集中的现象或过程，它既表现为非农产业和人口向原城市集聚，城市规模扩大，又表现为在非农产业和人口集聚的基础上形成的新的城市，城市数量增加（陈颐，1998）；（5）是一个以人为中心的系统转化过程，它包括硬结构和软结构两大系统的建设，是一种从传统社会向现代社会的全面转型或变迁的过程（崔援民，1998）；（6）指由于社会生产力的发展而引起的城镇数量增加及其规模扩大、人口向城镇集中，城镇物质文明和文化不断扩散，区域产业结构不断转换的过程（陈顺清，2000）。在国外，城市化被界定为：（1）从以人口稀疏并相当均匀遍布空间、人分散为特征的农村经济转变为城市经济变化过程；（2）人口、社会生产力逐渐向城市转移和集中的过程；（3）随着工业革命的发展，大机器工业的出现、劳动分工的深化、交换范围的扩大，社会从一种形态转向另一种形态的历史性过程；（4）城市化是一个社会城市人口与农村人口相比数量绝对增大的过程；（5）城市化是人口集中前城市或城市地区的过程（转引自崔援民，1998）；（6）城市化作为国家或区域空间系统中的一种复杂社会过程，它包括人口和非农业活动在规模不同的城市环境中的地域集中过程，非城市型景观逐渐转化为城市景观的地域推进过程，还包括城市文化、城市生活方式和价值观念的农村的地域扩张过程，前者被称为城市化过程Ⅰ，后被称为城市化进程Ⅱ（转引自沈建法，1999）。

　　不同的学科由于研究视角不同，对城市化的界定也有所差异。经济学认为城市化是人类社会现代化和经济增长的伴随产物（库茨涅茨，1985），社会学对城市化的定义强调城市化意味着乡村生活方式向城市生活方式转变的全过程（Wirth，1989）。人口学强调城市化就是人口从乡村地区流入大城市以及人口在城市的集中（赫茨勒，1963）。地理学对城市化的定义则强调了以下四个方面：（1）原有市街地的在组织、再开发；（2）城市地域的扩大；（3）城市关系的形成与变化；（4）大城市地域的形成（山鹿城次，1986）。罗西在社会科学词典中采用一种综合观点给城市化下的定义是城市化一词有四个方面的含义：一是城市中心对农村腹地影响的传播过程；二是全社会人口逐步接受城市文化的过程；三是人口集中的过程，包括集中点的增加和每个集中点的扩大；四是城市人口占全社会人口比例的提高过程（转引自徐学强，1988）。从新制度经济学的视野来看，城市化进程中的城市是由农村演变而来而又不同于农村人口聚居及其活动方式的制度安排。以此为基础，我们可以认为城市化是一个农业人口转化为非农业人口、农村地域转化为城市地域，农业活动转化为非农业活动，农村价值观念转化为城市价值观念，农村生活方式转化为城市生活方式的多景观层面的综合转换过程（李文，2001）。

虽然不同的学者和学科角度对城市化的界定有所差异，但对人口在城市化过程中如何转变是共通的。其包括两个方面：第一，人口从乡村向城市聚集；第二，乡村的生活方式向城市的生活方式转换。在我国，这两个方面都涉及农民市民化的问题，即人口迁移及农民如何实现生活方式转换的问题。在我国，城市化一开始就被视为转移农村剩余劳动力的一个有效途径（费孝通，1986；李弘烈，1988），于是城市化就成为改造中国传统农民的根本出路（陈述，2004）。在城市化实践过程中，正如李力行认为，城市化包括土地城市化和人口城市化两个面向，前者泛指城市在空间上的扩张，后者指的是城市吸纳农村人口进入，为他们创造就业、提供社会福利，使得这些人最终转变为城市人口。而在我国，人口城市化远远落后于土地城市化水平（李力行，2010）。如何让农民的迁徙不仅仅是地理意义上的空间移动，更是生活方式的转换，已经演变为城市化过程中的一个重大问题。

对于我国如何选择城市化道路在学术界一直争论不休。起初，城市化道路围绕城市规模讨论，并由此形成了"小城镇论"及与之相对应的"大城市论"，随后又派生出"中等城市论"与"多元论"等（赵新平、周一星，2002）。目前城市化道路的多元论居于主导地位，例如城市化要大城市发展与控制并重，小城镇则要以集中为主，要上规模（叶裕民，1999）；实行区域性城市化发展战略（崔援民、刘金霞，1999）；"大中小并举"的道路（廖丹清，1995）；双轨归一说（孟晓晨，1990）。其中，"多元论"最大的发展在于"二元城镇化战略"的提出及其相关理论发展。所谓"二元城镇化战略"是指在广大落后的农村地域，加快工业化步伐，通过传统农业向大农业生产，向二、三产业发展过渡，加快农村城镇化；而在相对发达的城市化地区，实行以城市圈为中心、提高内涵为主的城市化战略（辜胜阻，1995；宁登，1997）。

在此基础上，有学者提出农村城市化的理念，指一定国家或地区的农村，其资源配置（含人力资源）、社会模式及其运作和发展达到当时世界城市先进水平的一种社会状态（刘凯章，1995）。刘美霞对农村城市化的实践做了比较详细的阐述。即　"有选择地将工业化程度较高、经济实力较强的乡逐步转变为镇，将农村地区转变为城镇地区，吸引附近农民进镇，从事逐步从城市里迁移出来的工业，或者促进乡镇工业上规模、上档次、上水平，引导乡办、村办企业进镇连片发展、取得规模集聚效益，投资公用设施、基础设施，可以解决盲流、城市病、乡镇企业发展等一系列社会问题"（刘美霞，1996）。有学者提出都市圈，或称城市群、都市带的城市化路径，泛指若干大城市和特大城市集聚形成庞大的、多层次、多中心的城市群体（何念如，2006；石忆邵，2002；周牧之，2001）。还有学者提出"都市村社共同体"的概念，发挥与发掘诸如宗族、宗教与习惯法等传统资源在城市化过程中的作用（蓝宇蕴，2005）。虽然学者在如何选择城市化道路上有所争论，但有一点是共识性的，即城市化不仅仅是人口的迁徙和城市规模的扩大，更重要的是农民市民化的问题。

由此可见，中国农民在其特有的政治和经济逻辑下维持自身的再生产，特别是农民工脱离传统熟悉的乡土社会进入城市讨生活的时候，如何重构身份的认同是一个迫切需要解决的问题。在我国，农民既有市民化的个体化时代对个人权利、社会保障等的诉求，也有制度化个体化的社会因素（消费社会、风险社会等）的逻辑在起作用。多重社会因素造成中国农民工个体化状态的矛盾状态，形成中国特有的个体化路径。中国农民工表现的是一种没有解放政治的生活政治，没有个人主义的个体化状态，更多地表现为一种奋斗的个体。正如贝克认为的个体化的制度领域和主观领域之间是一种历史的而非逻辑的联系，法律形态和人生模式的分离和重组构成不同的个体化路径。

二、非正规就业：就业形势的新常态

　　美国著名经济学家刘易斯创立的"二元经济体系下的人口流动模型"成为农民工流动的指导思想。两大部门的从业者的收入水平和经济属性（劳动生产率）存在很大差异，引起了向城市流动的农村人口。伴随如此的发展，现代部门吸纳越来越多的农村过剩劳动力，直至其不再过剩从而达到一个转折点，即"刘易斯拐点"（刘易斯，1989）。

　　目前指导中国农民流动的主导思想是刘易斯的二元经济体系，在此体系的指导下，有学者认为城市化通过转移农村剩余劳动力实现城乡二元结构向一元结构转型（朱宝树，2004；李文，2001）。有学者把中国农村经济视作一个近乎停滞的部门，而"三农问题"的解决只能通过城市化，由现代工业部门来吸纳农村过剩劳动力来解决（蔡昉，2007；吴敬琏，

2002）。由此，农民转化为工人是顺乎天、应乎人的历史必然性。而托达罗的非正规就业的思想在国内鲜有人问津。托氏认为大多数农村移民并非进入现代工业部门，而是进入了非正规经济部门并形成庞大的非正规就业者（托达罗，1988）。笔者要问的是这种人口向城市的流动是"自然历史"的吗？这种建立在自由市场理论基础上的"二元经济体系"是不是中国现实的真实写照？

在中国，伴随刘易斯拐点而来的不仅仅是人口均衡，更包括农民工市民化的问题。这里涉及社会保障制度的完善、劳动力市场制度建设和户籍制度改革在内的相应制度的变革（蔡昉，2011；王春光，2006）；涉及底层工人的历史和现实（Pun Ngai and Lu Huilin，2010；沈原，2006）。在非正规经济这种经济新常态的背景下，如何看待农民工的职业选择和社会流动，如何看待农民工的市民化问题变得十分突出。

（一）非正规经济：经济的新常态

按照刘易斯对二元经济划分——传统糊口的农业经济与现代高生产率的工业经济，其最终的结果是二元经济消失并实现全国现代化的单一劳动力市场。但中国正在经历的是非正规经济的扩张和膨胀，如果非正规经济成为中国经济的常态现象，则在中国并非存在的是二元经济结构，而是多元经济结构。

首先要明确的是，非正规部门不同于地下经济活动，更不同于非法经济活动，对非正规经济不能与非法经济等同视之（尹晓颖等，2006）。根据世界劳工组织的界定，非正规就业具有如下特征，即从劳动合约的角度来看，在雇主和雇员之间没有签订任何正式的、有法律约束力的雇佣合约；

从劳动者的待遇来看，其工资水平低下，劳动条件恶劣，缺少必要的劳动保护，工人往往无能力或不具资格取得养老、医疗等社会保障等等（世界劳工组织，2000）。后来，非正规就业被用来特指非正规经济的就业人员，即没有工作保障、缺少福利和不受国家劳动法保护的劳工（彭希哲、姚宇，2004；黄宗智，2009；黄宗智等，2011）。Light 认为非正规经济有三个来源：第一，将正规经济非正规化；第二，社会转型（社会主义计划经济转向市场经济）后，在转型前处于隐蔽状态的经济形式日益凸显，并进一步演变为非正规经济；第三，网络经济的兴起（Light，2004）。同时，新自由主义在全球推进非正规就业，广泛使用合同工、临时工、家庭代工等方式（郭懋安，2010）。黄宗智认为，在中国非正规经济的形成，主要是地方政府在招商引资的竞争体制压力下把正式法规非正式地运作的结果（黄宗智，2010；黄宗智等，2011）。

目前，学术界对非正规经济的现状和理论意义做了初步的探索和研究。黄宗智认为非正规经济非但不像二元经济体系论所认为的是一个即将消失的经济部门，反而日益呈现为扩大的态势。非正规经济已经变成发展中国家最大的非农就业部门。根据国际劳工组织（ILO）的权威性数据，它在亚洲已经扩展到非农就业的65%（北非的48%、拉美的51%以及撒哈拉以南非洲地区的78%）（黄宗智，2009）。在欧洲国家，工资节制（实际工资增长低于劳动生产率增长）成为欧洲工资集体谈判和工资制定的常态，其目的是增强国际竞争力，增强国家和地方的投资吸引力（科伊内、高尔戈齐，2012）。这最终导致"非典型性"劳动关系的比例显著增长至欧洲劳动力的三分之一，成为一种就业的常见形式（多伊布勒，

2010）。反观中国，1978 年，全国仅有 1.5 万就业人员处于正规部门之外；到了 2006 年，已经爆发性地达到 1.682 亿人，所占比例达到城镇 2.831 亿就业人员总数的 59.4%（胡鞍钢、赵黎，2006）。按照胡鞍钢等人的分类，这些非正规就业者所涉猎的城镇非正规部门经济包括：（1）城镇中的个体经济；（2）城镇中的私营经济；（3）未统计部分的经济（胡鞍钢、赵黎，2006）。由此可见，非正规经济主要涉及的是非农就业人口，农民工构成了其主体部分。

　　基于非正规经济的日益庞大的社会现实，二元经济体系的理论已经难以立足。黄宗智认为，中国经济事实上呈现出三元的结构，即农业经济、非正规经济和正规经济（黄宗智，2009）。后来黄宗智指出，这种区分忽视了"1.53 亿户籍农民在城镇就业，以及 2.17 亿农民在农村从事非农就业这两大事实"，而这部分人既不会完全脱离农村也不会城镇化，所以他建议中国的农业就业人员也应该纳入"非正规经济"范畴（黄宗智，2013）。在非正规经济上，要求政府的扶持和投资，采取社会公正措施来保障非正规就业者有尊严的工作和生活，比如：通过工会组织来维护农民工基本权利，以使他们不受恶劣的剥削（黄宗智，2009）。

　　在西方，二元经济的结构始终制约着工人阶层形成的过程，底层工人阶层的力量起着主导性力量。但在非正规经济论的视野下，农民工不被视为一个即将消失的群体，而是在一个相当长的时间内继续存在的群体（黄宗智，2009）。与西方大工业历史上所形成的工人身份相比，从事非正规经济的农民工有其特有的经济、政治、社会背景，并形成有别于西方工人阶层形成的特有市民化路径。

（二）农民市民化过程中的难题

农民市民化的历史过程已经证明不同的国家和地区在不同的历史阶段所表现出的路径有所差异。同时，市民化并非仅仅发生在工业部门，也发生在农业和服务业中（刘建洲，2012）。但市民化最终意味着无产劳动者脱离农业生产，其劳动力再生产的费用必须依靠非农业的雇佣性职业。农民工市民化之后并不仅仅是身份转化，背后是一系列的制度安排、组织形式、社会结构、权利关系等的转换。在中国，农民工市民化的过程中有三个问题亟须解决。

首先，市民化之后劳动力再生产成本的问题。沈原认为，在中国劳动力再生产包括劳动力的"维持"和"更新"两部分。前者指的是劳动者恢复体力脑力的过程，而后者则包括一系列劳动力代际更替的安排，如赡养老人、抚育子女以及相关的教育、医疗、住宅等（清华大学社会学系课题组，2013）。所以农民工市民化之后，原来拆分型的劳动力生产体制（其中劳动力"更新"部分交由他们在乡村地区的老家完成，城市只负责农民工自身的劳动力"维持"的部分）已无法维持下去。劳动力的"维持"和"更新"全部要由工人的工资来负担，企业、市场如何应对市民化工人的再生产？西尔弗研究了历史上产业结构的调整和工人运动之间的关系时指出，每一个产业，比如纺织业和汽车产业在工业化初期几乎没有国际竞争，利润率都非常高，足以使政府和企业在"合法性危机"和"利润危机"之间做出平衡（西尔弗，2012）。而当中国进入制造业大生产的全球化时，竞争的压力已经变得很大，利润率已经特别低。加上我国大量为全球价值链服务、利润低的代工企业，其承担的大都是低附加值、劳动密集部分的生产（高柏，

2006）。所以中国不能简单重复美国所推行的"消费社会"和其他形式的契约。类似的问题已经在非洲国家出现过，阿尔利吉在研究罗德西亚农民市民化的过程中指出，非洲传统观念习惯把工资水平固定在只能维持单身男人生存的水平上，部落经济供养其家庭成员，以及在他们年老、疾病和失业期间的生活。市民化之后，由部落经济承担的费用转移到工资水平上。

其次，国家在农民工市民化的过程中如何自处。农民的市民化并非在市场因素的引导下由农业部门向工业部门自然流动的过程，相反，在这个过程中非市场因素占主要地位。比如在罗德西亚，正是通过国家通过移民劳工、扶持资本主义企业、故意压低农产品价格、强制人民去工厂劳作等不平等的手段提高农业劳动和雇佣劳动的工作努力—价格比、使货币经济成为生活中的主要形式来实现农民的市民化（阿尔利吉，2000）。无独有偶，在欧洲、韩国、中国台湾的农民市民化的过程中，国家都起着不可估量的作用，并形成不同的市民化道路：欧洲的市民化走的是一条市民化后的农民从农村转移到城市的漫长道路，韩国走的是一条农民从农村直接转移到城市快速而又斗争性的道路、中国台湾走的是家庭作坊式（前厅即工厂）的过渡性的市民化路径（具海根，2009；沈幼荪、具海根，2011；汤普森，2001）。同时，波兰尼写道，社会变迁的方向虽然常常不依赖于我们的意志，但我们所能承受的变迁发生速度却是可以由我们来控制的，政府的角色就是要视情况来促进或延缓变迁的速度（波兰尼，2007）。也就说国家在农民市民化的过程中既能加速这个过程，使这个过程变得剧烈而有对抗性，也可以使这个过程向相反的方向发展。实际上，企业更欢迎的是未完成的市民化家庭，因为他们更容易剥削，而市民化后使对劳动力的剥削越来越困难，而且它通常要求政权更强硬。因为那种认为"我们是单身汉，我们的家人还可以在乡下继续过农村生活"的幻想是行不通的（阿瑞吉，2009）。而我国的农民工问题，国家对制度的安排、政策的制定、权利的赋予、发展的方向都占主导地位（清华大学社会学系课题组，2013；刘建洲，2012）。正如布洛维所说，国家应提供无条件普遍基本收入（每个公民都可以获得一份按月支付的生活津贴，数目足以使其维持公认的体面生活），其结果是工人仍然分离于生产资料（它们仍然被资本家占有），但是他们不再分离于生存资料（生存资料通过再分配的基本收入保障而提供）（布洛维，2007：177）。

最后，正规部门如何提供市民化后的农民工就业岗位的问题。黄宗智指出，中国正规部门就业人员总数经过 30 年的改革之后只不过增加了 2000 万人，从 1978 年的 0.95 亿增加到 2006 年的 1.75 亿，要达到刘易斯转折点，即把所有的剩余劳动力纳入现代部门，尚需要吸纳 1.68 亿的非正规经济就业人员，以及 1.50 亿的农村剩余劳动力（黄宗智，2009）。工业部门是否能吸收这么多的就业人口还需要论证，即使能完全吸收，也是一个很长的时间过程。普沃斯基认为，"市民化"包括双重含义：其一是劳动者与生产资料相分离；其二对于资本主义结构中的各种新岗位的产生而言是多种多样的，而这两种过程是不同步的，资本主义摧毁小生产的速度要远远高于其创造生产性的资本主义雇佣岗位的速度（普沃斯基，2013）。也就是说，资本主义结构所提供的新岗位不都是正规经济部门的工作，或者无法满足市民化后的工人的工作岗位需求。这两者间的不同步性造成了一个社会事实是：在西方出现了一些无法分类的从业人员（新中产阶级、闲散劳工），而在发展中国家则涌现了规模庞大的非正规经济和非正规从业人员。

（三）非正规就业——市民化道路再探讨

二元经济体系的人口流动理论忽视了大规模非正规经济以及非正规就业者存在的事实。而这种大量存在的非正规就业者恰恰形成了中国式的农民工市民化过程的一个阶段，并且还将继续在我国存在。在这个过程中主要看国家如何应对不断出现的农民市民化过程中所出现的问题。在国家政策层面，由于我国存在多元经济结构，农民工市民化也并非仅仅只有一条路可以走，即转化为现代产业工人。如何使从事农业、城镇经济、非正规经济、正规经济的从业人员各得其所，都能有体面的生活是我国面对的首要问题。

学术研究不能用理论原理切割现实，从学者的话语体系来解构农民生活现实的不当之处。查克拉巴提在研究印度黄麻工人的生活后指出，马克思所援引的工人形象存在于一个"人的平等的概念已经成为人们普遍的持久观念"的社会里，（在法律或市场面前）平等概念在其文化中已是根深蒂固。劳动者已经吸收并享有了这种"形式上的自由"，即契约的自由，而且，他们并不是抽象地享有这种自由，而是作为"具体的、实实在在的人"享有它的。而印度工人所拥有的主要是一种前资本主义的、不平等的文化，具有对社区、语言、宗教、种姓和亲缘关系的强烈的原始忠诚特征（查克拉巴提，2010）。在这种情况下，用理论和抽象的经济学原理来研究具体的现实问题会出现一些偏差和误读。所以在研究和解决农民工的问题时，不但需要理论的关照以及政府政策的投资扶持，更需要了解他们自己是如何看待自己的生活和生存状态。特别是在非正规经济俨然成为我国经济新常态的背景下，农民工的生活状态、组织力量、文化传统、经济现实、国家政策等使中国走向一条与西方不同的市民化道路。

三、小结

农民最终转换为纯粹依赖工资过活的工人，从源头上说，这是将英格兰工人形成的模式作为范例并作为普遍规律，用来研究其他国家身份认同形成模式，其实这种阶层模式并不适宜于欧洲发达国家，更不用说发展中国家了（马克思，2004；卡茨纳尔逊，2009；孟捷、李怡乐，2013）。与此同时，新自由主义与这种观点遥相呼应，黄宗智认为无论马克思主义还是新自由主义都认为从农业社会进入工业社会只能导致一种结果：农民工转换为城市工业工人和其他职工（黄宗智，2013）。而在现实生活中，建立在"农民"和"工人"二元结构对理解中国的现实已然失效，中国的劳动者属于工人和农民的"紧密缠结不可分的'半工半农'家庭成员"（黄宗智，2012；黄宗智，2013）。已有的研究也表明，半市民化工人在世界范围内将长期存在，构成了资本原始积累的一种长期表现形式，也就是说，农民工的市民化并不一定要伴随着劳动力的商品化（孟捷、李怡乐，2012）。农民工作为中国的一个常态的社会现象将持续存在下去。

反思新自由主义指导下的城镇化进程中农民工何去何从。虽然不同的学者和学科角度对城镇化的界定有所差异，但对人口在城市化过程中如何转变是共通的。其包括两个方面：第一，人口从乡村向城市聚集；第二，乡村的生活方式向城市的生活方式转换。在中国，这两个方面都涉及农民市民化的问题，即人口迁移及农民工在农民工生产体制下如何实现生活方式转换的问题。在中国，城市化一开始就被视为转移农村剩余劳动力的一个有效途径（费孝通，1986；李弘烈，1988），于是城市化就成为改造中国传统农民的根本出路（陈述，2004）。在城市化实践过程中，正如李力行认为的，城市化包括土地城市化和人口城市化两个方面，前者泛指城市在空间上的扩张，后者指的是城市吸纳农村人口进入，为他们创造就业机会、提供社会福利，使得这些人最终转变为城市人口。而在中国，人口城市化远远落后于土地城市化水平（李力行，2010）。如何让农民工的迁徙不仅仅是地理意义上的空间移动，更是生活方式的转换演化为城镇化过程中的一个重大问题。

第六章　家庭、消费主义与主体性重构

　　在流动人口家庭化的趋势下，农民工子女如何完成代际传递的历程？流动农民工家庭的子女在日常生活中，在各种以"家庭"为中心或自我建构的各种关系网络中实现自我身份的认同和重构，同时，在中国差序格局的社会形态下，形成独特的个体化脉络。

　　威利斯在《学做工》中揭示出，工人阶层的孩子们在共享阶层文化的前提下主动选择工人阶层的职业从而完成自身阶层的再生产。中国学者在研究农民工子女的教育和生活状态时也持有类似的观点。笔者基于对农民工子女在上海教育经历的访谈资料，考察了农民工子女的家庭结构、教育经历、生活状态和职业规划，提出如下观点：中国与威利斯所描述的英国有着不同的制度安排、文化观念，在生活富裕取代了物质贫困的今天，农民工子女与其说进行的是底层阶层的再生产，还不如说是一种特殊的个体再生产。这样，可以得出一个基本的判断，新生代农民工连同他们的继任者都疏离自己工人阶层的自我地位认同，他们的生活经历更多、更明显地表现为中国式的个体化再生产。

阶层是在工业时代或者生产社会中形成的，在这种建立在剥夺、奴役、强制、流离失所、暴力镇压基础上的市民化历程中，孤独的工人个体在种种压迫条件下，当面临贫困化的生活状况时有一种集体剥夺的体验感，激励着市民化后的农民形成一个阶层的实体来应对生活的不确定性（马克思，2004；汤普森，2001）。而对消费社会中的工人来说，由压迫为主的社会机制转变为由享乐所控制的经济机制。与之对应的劳工政治的力量不是取决于它在罢工的组织化形式中停止工作的能力，而是在于它增强人们生活个性化的能力（贝克，2011）。中国社会有其特殊的历史、制度和文化机制，加上生产社会和消费社会的因素在中国同时并存，如何认清农民工的个体化的取向颇为困难。本文通过考察农民工子女教育的经历和生活现状来回应一个问题，农民工子女与其说进行的是底层阶层的再生产，还不如说是个体的再生产。

一、流动人口家庭化背景下的代际传递

据 2015 年《中国人口流动发展报告》显示：截至 2014 年底，在 2.53 亿流动人口中，与配偶、子女共同流动约占 60%，流动人口家庭化已是新常态。学界对留守家庭（包括留守老人、留守妇女、留守儿童等）的关注与研究成果丰硕，而对流动农民工家庭的研究则相对较少，甚至都不能对何为流动农民工家庭达成共识。事实上，流动农民工家庭与农村留守家庭、

农村空心化、现代城镇化建设等国家战略和政策都有异曲同工之处，都是现代化进程中的表现形式。

有研究者指出，人口流动已经逐步摆脱盲目流动或单纯的个人流动阶段，开始以家庭的形式在城市中较为稳定的居住，成为事实上的常住人口（盛亦男，2014）。同时，学术界对流动家庭的界定、类型、规模、家庭迁移成本、政策的应对等方面进行了研究和分析（李强，1996；马侠，1990）。但研究大都集中在以下几点：第一，基于统计数据和人口学理论对流动人口家庭化的趋势进行客观化的描述（周皓，2004）；第二，基于工具理性对流动人口家庭化进行反思，认为家庭的传统价值和观念日益褪色，演变为应对城市生活风险的工具和个人自我庇护的关系网（贺雪峰，2008）；第三，基于对现代性理论的反思，指出家庭仍然是中国生活的基本单位，并在流动人口的城市适应过程中不断调适、流变和再生产（金一虹，2010；黄宗智，2011；王跃生，2013）。然而在流动人口家庭化的背景下，对具体家庭和个人的生活和命运缺少系统的质性描述和研究。本书通过考察流动农民工家庭子女的教育状况这一日常生活经验，一方面增加了流动人口家庭化的质性研究；另一方面，反思在"流动的家庭"这样一个后现代性的话语体系下，流动农民工家庭的子女如何安身立命并完成命运的代际传递。

对于农民工子女的教育与阶层再生产的研究有两个取向：第一，借助阶层再生产的理论阐释农民工子女如何子承父业完成自己底层再生产的过程。这种视角将宏观的社会结构视为个人和群体区隔的主导因素，Bourdieu（1984）认为，教育是文化资本得以代际传递的场域，而文化资本则是在阶层基础上所形成的惯习和品味。Kirk（2007）研究表明工人阶层子女的生命历程和教育模式由工人阶层共享的文化引导，包括衣食住行、行为习惯等。但这种忽视个人能动性的决定论被后来的学者所批评和反思。威利斯（2013）则认为，工人阶层的孩子们创造了与工人阶层文化相通的反学校文化，把自己变成了工人阶层，从而完成了工人阶层的再生产。这种自我限定的反抗学校知识的文化一方面证明了布迪厄等关于文化资本的观点：借由制度化的知识和文凭，阶层得以合法化地再生产（布尔迪约、帕斯隆，2002）；另一方面突破了从制度、符号等宏观因素阐释工人阶层被迫再生产的视角，而是从工人阶层子女主体性地创造自身文化的微观视角揭示了工人阶层子弟为何甘愿地、主动地从事工人阶层工作。与之类似，熊易寒（2010）指出农民工子女无论就读于公办学校还是私立学校，非但不能促成他们阶层地位的流动，学校反而演变成一种底层阶层再生产的场所。但 Marshall（1983）认为尽管威利斯揭示了文化霸权是如何被生产出来的过程，但所谓的工人阶层文化在更大程度上可能是社会学家的创造，而不是其研究对象的表述。

第二，基于西方个体化的理念将教育视为社会流动的个人属性。贝克（2011）认为，工人阶层在工业时代建立的确定性和生活模式（阶层、核心家庭等）被自反性现代化严重侵蚀，个体成了自身的规划者和设计者，呈现出一种"为自己而活"或"自我文化"的现象，即过一种充满不确定性的属于自己的生活。这种缺乏确定性的个体在找寻新的确定性的过程中，更加依赖劳动力市场、教育、消费、福利国家的管理和支持。同时，Wright（2009）指出，阶层的基础是个人属性及其物质生活状况，比如年龄、种族、性别、智商、教育、宗教相关等。在此基础上，国内学者用社会学定量研究的方法从文化资本的传递（仇立平，2011）、教育资源可获得性（李春玲，2010）、政策的导向（郝大海，2007）、家庭背景（吴晓刚，2009）甚至家庭的生育率和家庭内部性别差异（吴愈晓，2012）等方面来研究教育与不平等之间的契合关系。

二、研究路径与资料获取

威利斯的研究表明，威利斯所描述的英国工人阶层的"家伙们"之所以毅然决然地重复着父辈的道路是因为"工人阶层文化"的使然。恰恰是工人阶层子女自身的反学校文化，即逃课、群体反文化和抵抗学校课程等再生产了自己工人阶层的身份。而这种反学校文化与当时的工人阶层车间文化（如何创造性地充分利用艰苦、残酷的环境、苛刻的上级指导来创造或寻求意义）颇为相似。在工人阶层子女看来，他们的这种文化实践和再生产是建立在对洞察或"看透"他们的生存状态基础之上的，因为社会结构和生活经验告诉他们：努力工作、勤勉、循规、追寻知识不会改变他们的阶层地位并促使他们社会地位的流动，所以工人阶层的"家伙们"创造了与工人阶层文化相通的反学校文化把自己变成了工人阶层（威利斯，2013）。

同时，对工人个体的关注是阶层研究的重要环节，阶层被视为农民在无产阶层个体化过程中集体体验贫困的后果，或者是传统文化对个体化进程的迟滞效果（贝克，2004）。但面对诸多疑虑和各种制度背景、文化基础缺失的境况下，特别是在消费社会逻辑的作用下，基于西方阶层再生产的理论解释中国农民工问题已不合时宜，相反，个体化的逻辑有其强大的解释力（吴玉彬、张敦福，2016）。如果以社会底层阶层再生产的角度来研究不仅有宿命论的嫌疑，更是对中国社会结构的误解。虽然威利斯关于工人阶层再生产的理论是对当时英国社会的描述，但是如何跨越时空来研究中国农民工子女的教育问题需要学者认真甄别，以免进入错置具体感谬误（the fallacy of misplaced concreteness）的方法论误区。中国流动农民工家庭子女对教育的理念、生活的现状和价值观是怎样展示出来的，又是如何呈现出来的，这需要我们回到农民工子女的话语体系中去，而不是用学者的话语或价值观来建构他们的生活体验和文化实践。

在流动人口家庭化的背景下，农民工子女的教育不仅体现在学校教育上，更体现在对城市的生活观念、家庭庇护网络的有效性、对未来职业的规划等方面。主要表现为：（1）消费社会中个体化的表现形式，例如游戏、网购、媒体、消费观念、张扬个性等对流动农民工家庭子女潜移默化的影响；（2）流动农民工家庭有其特殊的家庭结构，这不仅制约其子女阶层转向的可能性，更对子女的学习、生活和职业取向有深刻的影响；（3）流动农民工家庭子女对以后所从事的工作有着多种倾向，他们大都对以后的职业是一种模糊的状态；（4）流动农民工家庭对现行学校教育的轻视是建立在认同文凭重要性的基础上，而并非对教育制度的否思。笔者通过滚雪球抽样的方法选取 15 个流动农民工家庭子女作为研究对象。这些个案都是随父母举家迁移到上海并居住多年、接受教育，有个案甚至是在上海出生的。本研究通过访谈法和观察法获取研究资料，对比威利斯笔下的英国工人的孩子们，考察中国农民工子女在何种程度上重蹈父辈的覆辙，又是如何看待自己身份的变化。

三、家庭关系的庇护

中国农民工有其特殊的家庭结构，这不仅制约了农民工阶层转向的可能性，更对他们子女的学习、生活和职业取向都有深刻的影响。在西方，家庭对子女的约束已然式微，子女有其独立的生活和职业规划，并且很早就走出家庭独自面对生活的诸种事务（Levine，1977；贝克、格恩斯海姆，2011）。威利斯认为英国工人阶层家庭中父母与子女的关系与中产阶层家庭不同，即他们不是相互依赖性的而是充满竞争性的家庭关系，子女们总想取代父亲的位置，"那是崇尚独立、身材健硕和象征性威胁的男性工人阶层世界。"同时父母对独立自主的孩子也采取漠不关心的态度，比如父母认为"他们有自己的想法，他们就是这样"或者"你不能差使他做任何事"（威利斯，2013）。与此不同，中国的农民工并非像个体的产业工人那样独自面对自己的诸种事务，而是嵌套在家庭中，以家庭为主要单位的小农生产仍居于主导（黄宗智，2011），只不过家庭单位由过去"半耕半副"转变为现在的"半工半耕"（黄宗智，2010）。所以，农民工在中国并没有演变成彻底的市民化的工人，而是形成了在家庭承包均分制度下的"没有市民化的资本化"（黄宗智，2012）或者是一种中国式的小农经济（贺雪峰，2013）。在城市居住，同时不从事农业生产的农民工家庭状况也并非如威利斯所描述的那样充满竞争性，而是以家庭为单位应对生活的风险。

在15个访谈对象中，很少是以一个家庭为单位在上海打拼，他们的父母要么是来投奔亲戚朋友，要么是自己站稳脚跟后亲戚朋友来投奔。"我爸以前在广州那边打鱼，他说太累了，就到上海来，因为这边有几个亲戚，一起好熟悉一点、热闹一点（02-M-G）。""我就知道我妈妈那时候是被我妈妈的妹妹带过来（05-M-D）。"06-M-J 的妈妈先由她的大姨带到上海做理发行业，随后爸爸也来到上海在一家铜厂工作。12-M-Z 的父亲来上海一开始是厂里的职员，现在从事种植草坪、绿化的工作，并且把父母和兄弟带到上海一起从事这方面的工作，甚至还有二十几个亲戚在一个工厂上班的大家庭。"我姑姑家加上叔叔家的人就差不多10到20个人吧。在厂里关系特别好，吃饭一起，回老家都坐一辆车。我爸一个姐、两个哥、一个弟都在一个厂。"（11-M-Z）15 个家庭无一例外都是在上海租房子住，有个别经济条件好的在苏州、重庆买了房子出租出去，大都根据家庭人口租住一间或两间房子居住。01-M-D 有一个哥哥和一个姐姐，他们是通过寄宿的方式回老家读高中，高中毕业之后来上海通过父亲安排参加工作。父亲是自由工作者，平时倒卖一些机械产品的零件以维持生计，早上出去，中午就可以回来，下午不需要出去的话就在家里看电视、搓搓麻将或者去健身。母亲是家庭主妇，在家里做饭、洗衣服。姐姐结婚后去了姐夫那边住，哥哥结婚生子后仍和父母住在一起。只有一个家庭准备买房子，但买房子的地址是根据子女受教育的水平和地点而定。"我妈说还不知在哪儿买，还没选好地方呢。看我以后读书情况，读得好就把我转回去，在老家买房。"（04-M-C）还有的家庭中，未婚子女工作的收入和支出是放在整个家庭中来管理使用的。

　　大部分流动农民工家庭的居住环境堪忧。三口或四口之家用几百元租住至多两间的民房，生活空间狭小，更谈不上在房间里装一个空调来度过上海的炎炎夏日，大都买一个风扇来应对滚滚的热浪。因为他们知道，自己只不过是这个城市的过客，无法也没有能力在上海买房子。即便在这样的环境下居住，也会因为一些意外事件迫使他们另觅他处以求安身之所。有一个家庭因为房东和他弟弟为房子所属权的争吵不得不搬家。"因为房子的关系，房东跟他弟弟吵架了。房东说这个房子是他的，弟弟说楼梯是自己的。后来他弟弟决定，我们可以住在他哥哥的房子里，但不能走他的楼梯。我们共用一个楼梯，怎么下去啊？还能跳下去？然后我们决定搬走。"（05-M-D）这种家庭居住环境的不稳定性反而稳定了传统的家庭结构，增强了家庭内部的凝聚力。父母都是举家庭之力支持子女多读书，还会不定期地检查他们的作业并辅导他们的功课，有时候这种职责落在哥哥姐姐的肩上。"他们（父母）让我一门心思地读书，让我把书读好之后再出去找工作"。（01-M-D）"我爸说，只要你自己想上大专，我们绝对把你供上去，只要你想上就行。"（02-M-G）"他们（父母）说你最好上个大专，如果你考不上去就算了，考得上去你就上，就是这样的。就是说有文化总比没文化要好一点的。"（09-M-Q）"他们（父母）说学习还是学习，书念好，好找工作，电脑少玩点，多看书。"（13-F-W）有时候父母会告诫自己的子女："宁愿自己吃亏也不要占别人一点小便宜，要好好学，不要再混日子了。"父母也希望自己的子女出去锻炼锻炼，遇到事情能解决就解决，不能解决的话再回到家里，同时子女也不希望放弃家庭。"如果我事业成功的话，有了自己的房子，我会把爸妈接到我家里来。然后我爸妈的房子可以租出去。现在主要是先学好一门技术，打好基础后，去实习一下，实习好之后，就在这里工作。然后赚到的第一笔钱我会给我爸妈买一套衣服，欠他们的太多了。"（01-M-D）在农民工子女就业取向上，家庭关系也起着至关重要的作用。"我亲叔叔在乌鲁木齐开了一个公司，亲戚都去了那边。然后我爸就要过去，我就说我不过去，因为我现在还要读书呢。然后我什么时候读完书，上完那个技校后再过去。"（04-M-C）此外，有的孩子打算跟着亲戚学习餐饮服务，有希望跟着姑姑进保险公司工作，还有的等着父母安排工作，更有希望自己开店的时候父母提供资金。

四、学校教育：认同下的无视

威利斯在描述工人阶层子弟的学校教育时，认为子弟们在课上的打盹与哄骗、逃学、找乐子等方式无视教学权威，并在此基础上为以后通往工人阶层的职业打下了基础（威利斯，2013）。在中国农民工子弟学校中的学生也有类似的表现，但在中国缺失了公民权的落实和社会福利的惠及，其中最重要的是平等受教育权的普及（周潇，2012）。即便农民工子女呈现出反学校文化的因素，也不像英国工人阶层的子女那样以共享的工人阶层文化为基础，在各种制度的护佑下对主流教育价值观的嗤之以鼻。在访谈中，笔者也发现农民工子女虽然也表现出轻视教育和教师的权威，但是他们主观上还是认同文凭的重要性的，同时也没有表现出与工人阶层文化有共通之处。

流动农民工家庭子女大都会逃课、上课睡觉、乱丢纸条、说话、换座位、相互抄作业等，表现出对学校教育和教师的轻视，有时候"全班40个人，听的不超过10个人，都是不怎么听，使劲在那儿吵吵"（02-M-G）。有一个学生在学校因为看教官不爽和他吵了一架后，就带着自己几个好朋友另奔他校。

在 15 个访谈对象中只有一个觉得"与其这样混日子还不如早点出来"，他在初三上了一个星期的课后就肄业了，在饭店里做服务员。其他 14 个都表现出对文凭和学历的追求，但他们对文凭的追求不是建立在勤奋、努力、理想等个人追求和能力的前提下，而是试图逃避严苛的课堂纪律和沉重的升学压力，在各种制度和现实情境下力图以最小的个人努力拿到初中或高职的文凭。流动农民工家庭子女之所以在初三上了一学期就去高职或技校读书，是因为在那里可以轻松拿到初中毕业证，上课轻松并且不用担心考试成绩。还有的之所以上高职，"就是因为在六团（中学）学习成绩比较差，到其他地方我怕考不上，这里分数比较低，然后就来这里，加上还有几个同学在这里，就一起来。"（02-M-G）

有的家长甚至用金钱来换取一纸中专文凭。"妈妈想让我继续读高中，但是我成绩已经越来越差了。还是中专比较松，虽然我们现在实习，但是每个学期都要交钱，然后一直交到毕业才给我们毕业证。"（03-F-C）

访谈的 15 个对象都可以选择回家参加中考、高考后升上大学，但他们都没有这样做，其原因大同小异：要么"成绩不好，回去也考不上""回家高考太难了"，要么是"回家考试不适应"。有一位学生选择回家读初中后再转回上海读高职，但其原因不是为了回家参加高考，而是因为上海的中学上课太辛苦。"我在这边是上了一年就回老家去了，因为我觉得这边太辛苦了，老师脾气有点差，每天作业特别特别多。比如那个老师让我们默写什么的，严格嘛，默写不出他不准我们回家，每天回家都是我妈他们就在车站那里等我。"（03-F-C）

在教育过程中，不仅流动农民工家庭子女试图逃避苛刻的教育环境，老师也会对他们漠不关心。有一个访谈对象从私立小学因学费太贵转到民办小学，他这样解释从一个成绩很好的学生沦为差生的原因："在致远（私立小学）的时候老师讲得还是比较详细的，到英才（民办小学）这边干脆就是好生和差生是分开的，好生坐前面，差生直接在后面，老师管都不管你（差生）。在致远的时候，老师还是每个人都管一管的，可是英才彻底不管了，所以学习成绩直接下滑了，老师又不教，直接干脆滑到底了。"（02-M-G）还有的老师上课时"有时候带着本地的方言，还以为自己讲的是普通话"，"只要你不影响课堂纪律，什么事都可以干，老师是不管的"。特别是在学校，上海本地学生和外地学生是分开的，在不同的班级上课，相互之间很少有交往。据访谈对象反映他们与上海本地学生的关系基本上是："没有和上海朋友一起玩过""一般不接触""基本上不说话"。考虑升学和教学任务的原因，教师也对本地和外地学生区别对待。"在我看来本地班的老师教得都会很细心，很关注学生的学习状况，有一点不好的地方就会慢慢调整。但外地班的话，学生有一点小错误老师就得过且过了。然后他们（老师）经常教训我们。"（03-F-C）对事物或人的分类不仅仅是一种命名和区分的过程，更重要的是其背后结构性的权力关系（萨林斯，2002）。"本地学生"与"外地学生"不仅面临着迥然不同的教育制度环境，还在日常学校教育中受到差别对待。但这种差别并不是促使他们争取教育平等权的星星之火，对流动农民工家庭子女来讲，这种差别是可理解的并有一定的合理性，正如一个访谈对象所说，"我们是外地人，不该享有和本地人同等的待遇。"纵使他们表现出对学校教育的不满和对抗，也不是在共享文化的前提下对现行教育制度的蔑视，而是对自己升学无望的愤懑或者是一种在认同现有教育制度的前提下的投机取巧。因为他们知道即使自己回老家也考不上大学，还不如在上海混个文凭多挣点钱来得实际。

五、消费主义的生活观念

威利斯认为："车间里综合了沙文主义、强硬态度和男性气概，这种独特的综合并不落伍，也不会随着产业生产模式的变化必然消失。"（威利斯，2013：69）同时，英国工人阶层子弟在日常生活中表现出的性别歧视、打架、对告密者的惩处、种族歧视等与工人阶层车间文化有共同之处（威利斯，2013）。类似的现象也发生在农民工子女的身上，但是这种现象与车间文化不大相同，更可能是一种在消费社会中个体化的表现形式。消费社会意味着打破了在生产社会中形成的"阶层"概念，从而转向自我建构身份认同的个体模式，人们逐渐通过商品来定义他们的自身、他们的文化和他们的世界（Miller，1987；吴玉彬，2013b）。

访谈的 15 个对象很少回老家甚至从没回过老家，对农事也知之甚少。"回老家不习惯，也没什么朋友""（插秧的时候）乱插，插不齐，父母再重新插一遍，最后就不让我插了"。威利斯所描写的英国工人阶层的孩子们平时会"遍寻社区里所有能干的活儿：做小买卖，给商店打工，送牛奶，打扫卫生，配钥匙，买冰激凌，在超市里堆货"（威利斯，2013：52），有的从四年级起就做这些事情，这不仅成为他们收入的来源和炫耀的资本，并为以后从事工人阶层的工作铺平了道路。而流动农民工家庭子女并没有生活的压力，平时经常干的事情是逛街、玩游戏、聊天、看电影和电视剧。"爸爸每月给我零花钱大概两三百，他说了，给你钱多了，你要出去瞎搞。

这些钱出去玩的话倒不怎么够，但我懒得出去，一天到晚反正就在家里打电脑。在学校的时候，我一般看在线小说或者和同学组队在网吧打游戏。周五晚上在家通宵打游戏，有时候闲得无聊就看电视剧，反正一集一个多小时可以消磨时间。"（02-M-G）有一个在饭店参加工作的访谈对象反映，和他一起工作的几个同学因为经常包夜上网，不去上班超过五天而被老板开除。

即便网络在农民工子女的生活中占有很重要的位置，但要演变成一种新工人阶层的网络社会，并促使工人阶层公共领域的形成（邱林川，2013）还任重而道远。网络在农民工子女看来是一种展示自我和获取信息的平台，除了可以玩各种游戏，看视频资料、新闻资讯外，还是一个交友和购物的平台。有时候网络上的矛盾演变成现实中的冲突，"他们就是在QQ群里吧，这个人说话猛了点，那个人说话冲了点，然后就生气，生气就要打架。有一次施湾（中学）的女生在我们学校群里面乱骂，就是说设施差之类，还骂我们，然后我们就生气了，就要打她们。后来她们就来了两个人，而六团中学叫了一堆人就站在门口等她们。校长看到我们就问：'你们怎么还不走？'我们就只能说，等公交车，然后老师居然还信了。不过施湾中学的人没来，那两个人就跑掉了。最后就散掉了，就没打起来。"（12-M-Z）此外，网络不仅没能拉近他们的距离感反而造成了一种"比邻若天涯"的状态。一位转校的学生这样描述他的经历："以前那个班级特别融洽，下课后就跟市场一样热闹，但这里每个人都低头玩手机也不说话。就是手机太多了吧，总是玩手机也不跟别人说话。我们那个班级旁边就是个校务处，然后校务处有无线网，密码被我后面的同学破译成功了，别的

班级就说我们班是个圣地。然后有一天早上就看到有人在我们班门口，我说你干吗，他说我在下电影。"（12-M-Z）

农民工子女也有自己的非正式团体，不仅对团体内部还对班级内所有告密者进行孤立和嘲笑，借此凝聚班级和自己的团体。"我们那个班最讨厌的就是跟老师打小报告的，谁要这么干，大家都不理他，然后他一个人被孤立起来。有的被气急了就不去上学了。"（12-M-Z）有时候"帮派"的组织结构也得益于他们所玩的游戏，"那种像我们打游戏的现场战，就是你们几个在前面冲，然后我们几个在中间掩护啊，后面再拿什么的……"（04-M-C）此外打架等暴力事件时有发生，但这不关涉工人阶层文化的范畴，而是对个人交际能力的张扬。在农民工子女身上打架所反映的更多是一种交往关系和金钱等各种资源的彰显。

此外，他们的恋爱观和对待女性的态度更多的是一种平等、呵护和保护的心态。"就下课跟我们女生聊聊天，开开玩笑，一堆男的，一堆女在那里围着开玩笑，反正都是这么玩的。"（02-M-G）有时候他们还要承受追求女性失败的痛苦。"追人家，人家没同意，买了巧克力、熊、蛋糕等礼物送她，还约她出来。但是嫌我矮吧，现在女的都要一米七以上的。"（11-M-Z）已经有了女朋友的流动农民工家庭子女认为："再过几年，工作稳定了，订完婚之后再结婚。我经常去她家玩，然后父母也看到了，也没说什么，很热情的那种。"（09-M-Q）有一个访谈对象因为觉得自己和女朋友不是真爱就分手了，而他眼中的喜欢和爱是这样的："就是怎么说呢？喜欢就是看着她然后感觉什么都很好，就是说假如你看到一个很漂亮的女孩，然后你想为她做些事，总是感觉想做，但是又不会去做的那种。

假如说你爱她的话，你想做什么事就立马会为她做的那种。然后爱呢就像什么呢？就像付出，然后喜欢就像得到，爱呢就像你种了一盆花，你会慢慢地呵护它，天天浇水呀。喜欢的话你会把那花给摘下来。"（05-M-D）

六、中产的想象和未来职业规划

威利斯描述的工人阶层子女很明确自己以后所从事的工人职业，并且平时也自愿从事这方面的兼职。他们鄙视中产阶层的工作，认为那代表着柔弱和女生气，只有工人才能显示他们的男性气概和尊严（威利斯，2013）。而流动农民工家庭子女对以后所从事的工作有着多种倾向，他们大都对以后的职业是一种模糊的状态，很少有人甘愿做一个车间工人。当问到在高职读书的农民工子女以后的工作安排时，他们大多的反应是"学校给分派""学校分配哪里去哪里""比较迷茫吧，我也不知道该干什么""走一步看一步吧"等。至于学校会分派什么工作、工资状况等他们大都不关心或不知道。当问及他们理想中的职业是什么时，他们的回答结果显示没有一个愿意去做车间工人。"我觉得找个比较好一点的工作，比较轻松一点的吧。反正就是工作干的活不要太多。"（15-F-L）有一个访谈对象这样描述他十年后的工作："我之前有想过，就是做一个工作，工作时间不是很长，就是正规一点的地方嘛。工资除了自己每个月的开销外，还要剩余一些可以存起来嘛。自己租个房子也不会太挤呀，可以和爸爸妈妈住在一起，就像小区那种每个人住一间。"（05-M-D）这种理想中的工作被他们称为"白领"，而白领在他们眼中却有不一样的内涵。例如：

白领"就是坐在办公室里面，收入 2000 ~ 3000 块钱。"（07-F-L）

白领"好像是刷油漆，一个月八九千块钱，不过对身体太有害了"，"还有跑黑车也是白领。"（02-M-G）

还有的农民工子女表示以后会创业或开店，"就是把汽修学好了，等以后有能力了，自己开一个（汽修）店。或者是再高一点的，当师傅，收徒弟的那种"。（09-M-Q）"像什么刘强东、马云、马化腾一样能够开个网店。"（11-M-Z）"就是工作几年攒点钱就去开奶茶店。"（12-M-Z）还有的认为自己"以后想回老家做小学老师。四叔在家带着两个孩子，我在学校学知识，要好好学，学好了回去可以教他们。我们村里的老师都教得不好"。（14-F-W）有一个访谈对象之所以选择汽车行业，"我想是这样子，以后人的生活水平不是提高了吗？车辆也会多的，做这一行业应该会赚钱"（13-F-W）。农民工子女理想中的职业为"白领""赚钱""轻松""老板"。而这些工作与传统工人阶层所从事的职业相差甚远，更多的是在消费社会因素的制约下个体化的表现形式。有时候学校安排农民工子女到车间实习，但他们与威利斯笔下的英国工人阶层子弟相反，由于工作辛苦、枯燥、收入低等原因，会表现出厌恶和不屑的态度。"学校给安排了流水线的工作，全都是一些特别伤眼睛的工作，然后我觉得特别不适合我，我去看了一下就回来了。在那里每天都要加班，好像都十几个小时，一个月也就2000多元。我们班同学一开始去了十几个，后来有的干了两天，有的干了三天，有的干了一个星期，就都回来了。"（01-M-D）

黄斌欢认为，新生代农民工脱嵌于乡村社会的经历导致他们缺乏工人阶层形成理论所具备的必要条件——共有的习惯和文化传统（黄斌欢，2014）。这种把新生代农民工共有的惯习和童年经历纳入阶层形成过程中，延展了阶层研究的链条并使其更有立体感。但是黄斌欢的研究仍然在"阶层"的范畴内研究新生代农民的文化根基，如果我们把"阶层"的概念悬置起来不予讨论，黄的研究也许更有价值。新生代农民工脱嵌于乡村社会后可能会形成一种与乡村社会迥异的"共有习惯"，但并非与阶层的形成有必然性的逻辑关系。通过本书的分析会发现，在上海生活的经历虽然斩断了农民工子女与乡村日常生活的联系，但是未能打破反而强化了家庭关系、亲属网络等的庇护。农民工子女及其父母在一个新的生活环境中形成一种自我保护的观念和生活方式，但是这种自我保护与阶层的形成关联性甚低，更多的是一种在异域他乡面对风险的个体策略。

七、小结

周潇通过对比威利斯描述的英国工人阶层的"小子"和农民工的"子弟"后，认为"如果'小子'是甘愿选择了放弃通过教育向上流动，那么'子弟'更多的则是被迫放弃，完成了作为底层社会的再生产"（周潇，2011）。农民工子女选择的职业也是一种主动的选择，因为他们有家庭作为后盾、混文凭、做老板、变白领，这何尝不是一种洞悉中国社会现实的主动选择。其次，威利斯的研究表明了工人阶层的子女是如何子承父业的，而不是一种底层再生产的宿命论式的预言。在中国如何界定底层、阶层尤其困难，更谈不上一种阶层文化的认同，所以不加分析就用其分析中国现实，就有用理论和概念切割现实的嫌疑。

通过考察流动农民工家庭子女的教育和生活经历会发现类似个体化的现象，他们并非在一种物质贫困化的状态下过活，也没有把基层劳动者作为职业的目标，甚至拒斥工人的职业。上网、聊天、逛街是他们日常生活的最爱，打架、恋爱是一种个人能力的彰显。这些衣食无忧的孩子们追求的是一种轻松的工作状态，更谈不上对工人阶层文化的认同。

对流动农民工家庭子女的研究更能揭示体力劳动者这个概念和文化在他们身上表现得是多么的微不足道。当回到中国现实来考察流动农民工家庭子女时，家庭和非正式关系成为他们保护自己和自我认同的保障。所以农民工子女的消费资金来源于家庭、工作求助于家庭和亲戚、作业相互抄、游戏去开黑、打架找朋友助阵，这恰恰是对中国社会关系最大的洞悉。同时，这形成了中国特有的个体化形态，这种个体在中国并非孤独面对自身的生活境遇，而是在家庭等正式制度和其他非正式关系基础上所形成的"差序格局"（肖瑛，2014）或称之为"庇护网络"（张鹂，2013）形式为支撑的个体。这种个体不仅与中国的特殊制度相关，更与消费社会的到来克服了大众物质贫困化的状态，物质效用的边际递减促使了普通民众阶层价值观的转变所带来的必然后果（英格尔哈特，2013）。

第七章　辛劳中的愉悦：
消费主义与主体性重构

鲍曼（2010）认为，消费主义是自我建构与身份建构得以围绕其旋转的中轴，是自由选择的社会，是为了占有更多的剩余物的社会。在消费主义中，"当一个人的出身、历史在社会中不再那么重要的时候，身份就更是一种流动的资本，消费也就变得更加重要了"（朱丽叶·朔尔，2007：23）。用贝克的话说，在现代社会中，"一切事物都围绕着个体利益和个体生活而运转……基本上接近于决策的生活机遇所占的比例在减少，开放的而且必须由个体建构的活动所占的比例则在上升"（贝克，2004：135）。换句话说，消费社会作为一种社会形态，本身就是要打破基于生产过程所产生的对立和基于社会结构上的身份认同机制。消费社会所践行的不仅是一种资本增值的逻辑，更是一种统治的策略、一种流动的认同机制，这种机制建立在"朝生暮死"的商品上。

"规训"概念作为福柯的谱系学研究成果，是从历史演变中辨析个体身体及随之紧密相连的心理驯顺过程。在中世纪至波旁王朝末期，法兰西经历了清晰可辨的权力集中倾向，通过吸收原先封建等级制社会中教士、贵族阶层以及各类机构，并从各类疾病治疗、机构管理成果中吸纳与总结符合实际且更为细致的控制手段，这一集权的理想典型范例便是边沁的"圆形监狱"模型。在位于中心位置的狱卒们的看管下，位于四周的囚犯一举一动完全暴露在观察之下，对囚犯行动实现有效控制："监视具有持续的效果，即使监视在实际上是断断续续的……这种建筑应该成为一个创造和维系一种独立于权力行使者的权力关系的机制"（福柯，2003：226）。"圆形监狱"的构想作为"治理术"，是由某个特定主体进行制度和组织安排，并完成特定目的的有效监视，所以它是完全依靠人来完成的制度设计和社会控制方法，其操作者和最终目的是指向人的控制手段，成为一种提高控制效率同时具有吓阻意义的手段。

　　以鲍德里亚的符号批判理论对"规训"可以展开另一种思考，这种思考连接着西美尔的"文化悲剧"理论。"文化悲剧"论指出，"客观文化"由众多个体的"主观文化"汇聚而成，其形成与发展过程并不受特定个体或群体控制，并在行动者的互动与思考过程中不断增加，最终形成个体难以与之抗衡的失控状态。"那些人力创造的物品是一个具有创造性的生命之结晶，在一段时间之后，它们会被其他人当做获得文化的手段来吸收……它们如同自成一体的王国……可个体的资质是天生的，吸收能力也有限"（西美尔，2001：172）。符号批判理论对客观文化的深入认知则进一步明确了个体迷失在商品中的原因，即个体活动原则逐渐被外物而非人际交往所替代。事物与人在符号系统中同样经历了符码化过程，最终使人降格为物体系自我实现过程的一个普通部分，甚至将"人"的主体性淘汰，最终形成"物的反客为主"。

随着市场化和全球化进程的不断推动、通信手段的不断改善，使得社会成员的社会生活个体化倾向日益增强，人们日益依靠消费市场获取生活资料、开展社会分工，市场对人际交往方式产生巨大影响；同时面对面的社会交往方式逐渐萎缩，社会交往方式与规则面临巨大变化。"符号系统"通过消费品的力量干扰着个体日常生活关系网络和规则的塑造，同时迫使政府改变自身治理能力和理念。治理工作不应忽视消费品的符号化对民众日常生活的影响，同样不能过分倚重治理手段、技术的改善一劳永逸地解决社会治理问题。新时代社会治理在市场经济的发展中不免面临"符号系统"膨胀带来的新挑战。反客为主的消费品，尤其是作为复杂科技集成的消费品意味着一种难以控制的社会干预手段，它是自成体系并影响社会整体运行的功能形态，商品种类的繁多意味着社会交往规则出现受物体影响的倾向。

福柯论述的"规训"更倾向于在身体驯顺的基础上产生其他包括社会控制在内的影响，是由特定主体通过一定组织形式和规则完成的。基于"消费社会"中具有仿真性而非基于人与人之间关系的社会关系，个体间不同的认知能力和有限活动范围中的交流使个体难以溯及事物本源。因此这种依靠符号自身运作完成意义构建全过程的体系将每个人都变作彼此的"监视者"与"规训者"，使个体之间更难以创造可被人所操控且广泛认可的动态社会规则，同时原先作为社会主体的人成为"物体系"的功能承担者。

在生产力日益发达的现代社会，社会分工与产品的复杂程度超出个体甚至政府的认知能力，对个体活动和社会治理提出新挑战，政府与个人所面对的社会规则逐渐被商品所包围并重塑。"物体系"借助消费市场的力量不断生长，进而产生社会关系的分裂状态，使得物体系的功能性替代人的主体性地位，并借助人际关系节约交往成本的现实需要，最终社会规则的塑造超出人的控制范围。作为现代社会中逐渐分散的个体，彼此认知的产生更多基于自身生活实践与生命历程，超越了传统家庭和工作单位的塑造，为尽可能减少比较生活各类行动的成本而较易陷入认知孤立状态。在众多孤立个体面临的社会规则变动中，更需要坚持马克思主义的指导地位，坚持以人为本；政府应增加公共产品供给，促进自身治理能力和治理技术现代化；个体主动通过传统社会关系形式及现代分工协作建立社会交往网络，认知了解复杂符号背后的实在社会关系变化。综合政府与个体的力量，结合各类治理技术，能够有效促进社会成员超越符号体系构建的"虚假陷阱"，回到人与人的真实社会关系，从而减少因物的反客为主造成的损害。科学技术与物质丰富为民众生活、社会治理工作带来极大便利的同时，不能忽视其潜在对个体主体性的可能危害，尤其是社会互动规则构建过程中的影响。

一、生产过程的辛劳主体性

对劳动者微观身体的改造以适应工厂的劳动纪律和时间观念是现代化工业生产的前提。从马克思描述的流放、鞭笞、监禁等暴力的惩戒（马克思，2004）到福柯笔下的"全景敞视"的监视（福柯，2007）再到布若威揭示的"制造同意"（布若威，2008），这种从被迫适应到主动迎合的过程不仅是西方的文明进程，更是现代社会结构再生产的需要。在工厂工作的劳动身体和在日常消费的身体共同构成了现代工人的主体性。只有在研究劳动身体的处境、危机、愿望的前提下，才能更好地理解消费主义所带来的愉悦和解放。本章节通过实地调查两个不同的管理模式的 A 公司和 F 公司，研究其员工的工作和日常生活以论述消费主义的功能和后果。笔者 2013、2014 年陆陆续续在 A 公司和 F 公司做了近 10 个月的田野调查，其中在车间工作近 4 个月，其间对公司员工的消费和日常生活做了详细观察和记录访谈资料。

（一）传统车间管理下的生产主体

A 公司成立于 1997 年，是一家集药品、生物制品、保健品及普通食品的科研开发、生产销售为一体的中等企业，在册职工 868 人。该企业共有 a、b、c、d 四大车间，每个车间分为外包班和内包班，每个班有若干生产小组，每个小组有 7 个左右的工人。内包班负责产品原料的调配和生产，外包班负责给产品贴签、装盒、装箱等包装工作。车间管理结构分三个层级：车间主任和副主任、外包和内包班的班长、各生产小组的组长。

由于企业的生产模式是采用小组生产，生产指标和定额是以小组的形式来制定和分配，由组长负责日常的生产和管理。在这种情况下，小组成员间形成了一种荣辱与共、休戚相关的联系，所以每个人无论是为了自己还是小组其他人的利益都应该努力工作，相互监督，避免懒惰、怠工以完成分配下来的小组定额和指标。为了使工人更好地适应小组生产，企业极力倡导互帮互助的工作作风，同时宣传"大家庭"的理念并贯彻在日常实践中。由此，在车间里相互之间的称呼是根据年龄和家庭关系来确定的，比如遇见比自己大的女性称之为某姐，男性称之为某哥，比自己小的称之为小某。以此来培养工人的集体理念和家庭意识。

在 A 公司，员工要深刻认识并实践"大家庭的理念"：员工首先要有为公司大家庭付出的意识，然后再考虑自己的利益和需求。被规训后的员工不仅内化了工厂的管理制度，还用此来约束新来的员工。如公司为尚姓员工捐款的事迹感动着很多人，公司试图通过此事把"家庭""兄弟姐妹的亲属关系""相亲相爱的一家人"的观念深深地植根在每一个员工的心里。尚某是公司市场部的一名普通员工，其 4 岁大的儿子因患有白血病急需一笔钱。市场部部长邱某得知此事后，向全公司发起了捐款的倡议。

在用传统的家庭理念、地域关系和价值观塑造员工生产主体性的同时，不可避免地带来一些弊端。在这里，亲属关系是一种获取特权和特殊照顾的基础，甚至有工人不惜自降身份，以认"干妈"的形式把自己纳入这种关系网络中。还有工人以"领导安排"形式进入车间实习，其工作的状态一眼就能识别出来。

在生产过程中，员工在各种规训机制下自觉内化了工厂所传达的价值观。员工宁愿以亲属、老乡等关系的庇护来获取自身的利益。而那些没有此类关系的工人要么以各种形式建立这种关系，要么不问收获只管努力工作。因为以公司利益为重才是维持自身利益的最好选择，一位参加完培训的工人热情洋溢地写道："听着一个个员工说着以后要更努力工作的决心，我意识到，这次培训另一个重要意义就是鼓舞了我们的精气神。每个人内心的责任感都被强烈地激发出来，从心里觉得公司的事就是自己的事，公司的荣誉和利益就是自己的荣誉和利益，公司的损失就是自己的损失，大家安康小家才能幸福。真正把自己的心和公司的荣辱兴衰紧紧连在一起。有了这种精神头，我们在工作中浪费一张 A4 纸都会觉得对不住我们的大家庭，谁还能容得下拿公司的东西不当回事儿的人呢？谁还会在工作中懈怠呢？技术不行的，学。能力不够的，练。既然在这个平台上，既然在这个大家庭里，我们就必须为自己家里的事尽心尽力。归根结底，我们得想办法把激发动作融入我们自己公司的机制和文化中，机制约束和精神鼓舞并存，形成持续的动力，当我们不再需要借用外界的培训来激发，员工们也都能自觉自发地带着强烈的责任感投入工作的时候，公司上上下下才会凝心聚力拧成一股绳。到那个时候，就可以让节约下来的培训费用投入到大家庭的发展中去发挥作用，我们就又为公司的前进提升做出一分贡献。而伴随着公司的发展壮大，作为家庭成员的我们，也一定会感到身为组织一员的无上荣耀，收获集体成功的累累硕果。"

在员工的认知中，公司的惩罚是有理有据有节的，就如一名员工所言："惩罚是必要的，惩罚后还出很多错，不惩罚出错更多。"即便他们遇到不满或不公的事情也是通过各种个体性行为——发牢骚、怠工、抱怨自己的领导、离职、自我安慰等表现出来。虽然这种弱者的武器也被西尔弗视为抵抗方式（西尔弗，2013），但这种抵抗的行为除了发泄一下不满情绪，不会产生任何负面影响，员工会一如往常投身于生产工作中。

（二）现代流水线上的生产主体

F 公司是专业从事电脑、通信、消费电子、数位内容、汽车零组件、通路等 6C 产业的高新科技企业。拥有 100 余万员工及全球顶尖 IT 客户群，是电子产业专业制造商。F 公司的管理方式是福特制和泰勒制下的现代化的流水生产线。为了生产大量标准化的产品和零部件，其管理科学就是"把整个企业的流程拆解开来，找出关键点，进行简化，制定规范和标准，贯彻执行，以最少的资源实现更大的效益"（徐天明，2007：268）。

F 公司作息时间严苛并提供饮食，限制了员工的自由活动时间和空间。F 公司每月免费往员工饭卡里面充值 240 元钱（周一至周五伙食费），吃不完就清零不进行累计计算，更不会退还员工。由于周六、周日是加班时间，公司不提供伙食饭，员工自己解决吃饭问题。不过公司考虑到这两天员工可能会在公司里面吃饭，另外每月向饭卡里面多打 100 元钱，但是这些钱不是免费的，消费的金额会从工资卡里扣除。

在生产过程中，F 公司的测速部门和生产管理部门以秒来计算工人完成每道工序的时间，并以此安排工人的生产量。在 F 公司一条生产线上，工人的工作是从流水线上取下电脑主板、扫描商标、装进静电袋、贴上标签，最后重新放入流水线，每个动作被设定为 2 秒钟，每 10 秒钟完成 5 个动作，工人每天要完成 20 000 个动作。据员工介绍："线长每天会派一定的任务量给自己，这个任务量是根据总的工作时间和做每一件产品的时间计算出来的，当你完成所分派下来的任务量时，就会加大第二天的任务量，总之让你完不成。"在流水线工作的一名员工说："工作的时候，我们不能说话，不能走动，不能玩手机……'上课'前会响三声哨子：第一声哨子响的时候，我们要站起来，把凳子放好；第二声哨子响，我们就要做好准备工作，有的部门要带好特殊手套；第三声哨子响，我们就坐下工作，而且我们的背是不能靠在椅背上的。"还有一些员工反映他们作业时要一直站着，而且站姿必须保持军人般的"跨立"姿势。军事化管理甚至被用于控制员工的工作间隙时间。"我们是每两小时工作休息 10 分钟。只有在这 10 分钟内才能去洗手间。10 分钟之后会有一个预备铃，这时员工要穿好厂服，准备好工具什么的，站在位子前面，不准说话。然后响正式铃，就开始坐下正式开始工作。"

在上海，F 公司员工也反映说："我们是造路由器和一个我也不知道是什么的东西，就是像 VCD 但能用无线上网的东西。"在昆山一位员工这样描述他的工作："它是一个生产线，我只是负责其中很小的一块，我做的是把一个很小的东西从这边稍稍移到那边，不知道做什么。这工作无聊，一天一直这样，往那儿一坐，脑子里空着，没有思想。连去上个厕所的时间都没有。每到 11 点半吃饭的时候，我就特高兴。有的时候坐在椅子上实在太累了，我就会动一动。而他们所生产的产品 99% 的都是外销。"还有一名员工解说公司文化："有一句话就是关于服从的，说'走出实验室没有高科技，只有服从的纪律'，意思是高科技只能在实验室里研制出来，你在外面打工，寄人篱下，只能服从！"

而 F 公司并不像 A 公司那样灌输传统家庭等价值理念，相反，试图打破地域、老乡等价值观念。一位 2006 年进入 F 公司，现在已经做到师傅一级的工友介绍了 F 公司招工、分派工作的具体做法："我们培训的那一期共有 120 人，来自同一学校的有 20 人，最后留下了 8 个人。培训的学员大多像我一样来自湖北。参加培训的学员录取时间是一样的，但分了 5 次进行培训。我个人认为，这种做法是为了不把一个学校的人分在一个地方，把人都打散。从培训中心分到线上之后，也会把人打散。通过培训认识的人就被分开了，这样做是为了防止闹事。为什么说只能跳楼不能闹事，跟这样的安排是有关系的。招进人后是不断打散的，如果把从一个学校招的人分在同一部门，这些人有团结的意识，分散了之后工人想要争取点什么就闹不起来。"

一位廊坊厂区的员工描述了自己和朋友们被打散的过程："我宿舍（在学校的时候）的 5 个人都是同一批进厂的，所以在最初培训的几天里经常在一起聊天，我还曾和两个新认识的朋友一起出去溜冰，到市里逛街，我们大家很快地就开始聊一些自己的经历、情感，只要有时间，女生之间还是很好打交道的。但我们几个很快就被分到不同的厂区，后来又有各种调动，最后我和另一个工友小红留在了 B11 区，但分上白夜班，也不在一条线上；小月先被分到了 B09 上夜班，后来开始上白班，最后被调到 C 区；小白先是在 B11 的仓库干活，然后调到 B1 区做全检，最终落脚在 C 区。开始工作以后，我们就很少能一起聊天、闲逛了，上夜班的和白班的是见不到面的啦，我和小月都上夜班的时候，回宿舍也就都睡觉了，顶多是在还有点精力的时候一起做做十字绣。车间生活很压抑啦，都没有什么可以宣泄的渠道啦。"

还有员工反映："现在很少有交心的朋友，临到休息时，也不知道去哪儿玩，也没有要好的朋友一起出去或说话，感觉挺孤单的……况且在 F公司，人员都是随机分配的，白班晚班又错开，没什么时间交流，所以也很难和别人有很深的感情。"即便在同一宿舍有时也会不认识，更不用说交朋友了。因为他们的作息时间不同，有的上白班，有的上夜班，基本上碰不到面。

二、闲暇消费中的愉悦主体性重构

我国的发展过程紧随消费社会的世界潮流，特别是改革开放后实行市场化改革，打破了原有的公有制为基础的再分配体制。其结果是：从 1993 年起已经连续 17 年成为吸收外商直接投资最多的发展中国家。从 2003 年开始，中国超越美国，成为吸收国外直接投资的第一大国。并且市场机制在调节商品和服务的价格上的作用日益突出，远远超出国家的再分配调节机制，目前在社会商品零售总额和生产资料销售总额中，市场调节价所占比重为 95.6% 和 92.4%（张平，2009）。从 1990 年末期开始，住房、医疗、教育和人民大众生活息息相关的领域都已经基本上实现了市场化。这样在新自由主义的指导下，国家逐渐退出了个人领域并交付市场调节。个人开始面临和承担出现的生活问题和成本，消费成了弥补国家缺场的一个最好的选择。这时消费的战略性地位日益突出，戴慧思指出，中国城市在住房、购物等方面正进行着一场静悄悄的消费革命（戴慧思，2003）。潘毅认为中国消费革命的主要动力是国家的经济发展政策，即国家希望通过促进消费使得国民经济与世界经济接轨（Pun，2003：472）。在政府看来，提高内部市场的消费已经成为决定中国经济国际竞争力和中国能否跻身超级大国行列的重要因素。人民主体的价值不再是来源于其生产能力，而是其消费能力。在市场层面，大众媒体，尤其是电视节目和报纸头条都以消费者为主要诉求对象，目的在于启动消费的欲望机器（Pun，2003：474）。秦瑞对代表人民官方意识形态的《人民日报》进行分析，得出的结论是生产

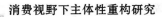

的话语体系转向了消费的话语体系（秦瑞，2010）。

那么什么是消费社会？王宁做了很好的论述，他对中华人民共和国成立后的消费制度安排做了详细的分析。从制度性结构安排分析到行动者主体性塑造，认为中国已经从一个"苦行者"社会转变成"消费者"社会。在这个转变过程中，激励政策从神圣化激励转变到世俗化激励，表现在主体性结构上是从利他性主体到自利人的转型（王宁，2009）。这个转变意味着我国从"生产社会"转向"消费社会"。消费社会意味着历史发展到了一个更高的阶段，意味着人们从生产者角色来展现自己身份认同转向以消费者自我建构身份认同。这也是随着产品的丰富和收入水平的提高，个人生产的角色和消费角色相比日渐式微的结果。王宁还认为对中国是不是"消费社会"的回答，简单肯定或者否定都是片面的，因为中国的社会是"二元社会"，城市社会和农村社会由制度歧视所割裂开来。即使在城市也存在消费的"双轨化"，存在"消费者集团"和"生存者集团"两个集团（王宁，2009）。

虽然在城市中存在消费的双轨化，但是这两个集团不是天然隔绝的，文化的扩散是难以预测的，实际上消费社会的因素潜移默化地影响着每个人的意识。鲍曼也指出现代社会是从"工作伦理到消费美学"的不自觉转变（鲍曼，2010：63）。消费社会的出现要求有更多的自由闲暇时间，在这个闲暇时间内农民工开始进行自我塑造。农民工从工作领域转向消费领域，对个人身份形成产生重要影响。

（一）消费主义的生活空间

生产过程的辛劳、生活空间的缺乏，都阻挡不住员工对愉悦身心的追求。追寻感官的快乐几乎成了一种时尚，这也是融入城市的一种最好的见证。虽然 A 公司和 F 公司有不同的生产主体和文化，但消费主义的体验是共同的。上海 F 公司外的生活空间很拥挤，整个生活区以华阳街为中心，道路很狭窄，商铺、水果摊、小吃店、餐馆等密布在道路两旁，使原本崎岖狭窄的道路显得更为拥挤。这些"房子"大部分是临时搭建的场所，有的用石棉瓦、铁皮等材料搭建而成，有的直接就是在露天做生意，遇上不好的天气，用大的雨伞或塑料之类的东西遮盖一下。另外棋牌室、网吧、理发店等娱乐生活场所也是常见的。总体上说，这里没有中高档的消费场所，不过这里的小商铺整体上让人感觉物美价廉，大都注重消费品的实用性。也许这里打工的大都是从农村来的，一方面他们来到城市，不愿意照搬农村的生活方式，另一方面又没有能力照抄城市的生活方式，形成了一种城乡结合的混合体。把这里渐渐塑造成了打工者阶层自己的生活场所。

而这种生活空间是容不下员工好奇而渴望的心的。一位来自咸阳的女孩如是说，"华阳街，从东头走到西头，一直是那样子，闭着眼就知道有什么东西，没有什么新鲜感。自己有时候感觉去过很多地方，有时候感觉没去过很多地方。"

因大多数工人从农村来，他们评价日常生活的参照点是农村生活状态，而并非现代都市的工作、休息、工资等标准。虽然工人的生活空间有限，但在消费因素的冲击下，赚钱消费成了新的目标。当农民工来到梦寐以求的城市挣到一笔钱、看看琳琅满目的商品、去周边旅游等在农村可望而不可及的事情。城市消费主义的浪潮并没有驱使工人进行权利的争取，而是安于消费主义的生活、并将其转换为回家乡炫耀的资本。

这种工作之余的欢乐是排遣工作中的劳累，更是一种精神上的享乐。就像 A 公司一个员工所说：希望以后想出去的时候不用跟别人拼命挤公交，工作充实有挑战性，有一个不大但温馨的房子，节假日可以和家人一起去旅游，最好再养一只宠物狗，没事可以牵着狗压压马路。每天都为未来前进一步。房子和车子都是生活中的必需品，在哪里发展并不重要，重要的是找一个适合自己发展的平台。他的话语里充满了对物质的欲望、感官享乐的渴求。造成这种后果的原因与消费社会的出现并占据他们的生活空间有必然的联系。

（二）消费主义的生活理念

F 公司员工工作之余的生活虽然简单，但他们却乐在其中。小凌在上海 F 公司工作有两年了，F 公司对她来说更像一所学校。宿舍每栋楼下都有三到四个电视机房、药房，药房是要花钱买药的，还有一个看病不用钱的医务室，但是她们觉得水平一般，所以当他们生病了都是到外面的医院去看。还有一个乒乓球室、一个台球室、一个健身房，都是免费的，一般乒乓球室和健身房人比较多。宿舍区内还有两个小图书馆，里面大多是自己的内刊，也有不少小说，凌某就常常去那儿借书回来看，在离厂前还会去。但是现在工作久了，也不看那些小说了。公司里还有一个可以容纳一百多人的免费电影院。每天都放电影，片子还蛮新的。宿舍楼下还有网吧，每个月发 3 张网票，共 6 小时。她基本上每月都会寄 1000 元给家里，家人给她存起来做嫁妆，剩下差不多 1500 元左右自己花，主要是买吃的和衣服，这是她最大的爱好。其他的也不知道怎么的就花掉了，每次取了钱出来，不知不觉地就花完了。她一般每个季度的衣服都有三四套左右，每周末都会出来逛街，大部分是在华阳街，有时候也去松江镇上逛逛。周一到周五很少会出来，因为宿舍区晚上 12 点后就不让进出了，而且 20 点下了班也有点晚。周一到周五最多出来一次，而且宿舍区里面有两个小一点的超市，日用品什么的都可以在宿舍区里面买到。

一个菏泽的 F 公司员工这样说，他平时会和几个好友出去吃饭、去 KTV、上网什么的，附近没有就打车过去。大约一个月消费 700 ~ 800 元，玩得好的也就是六七个人，一般是同一条线上的人，说说话就认识了。还有就是同一个宿舍或者同一个地方过来的。有时候一条线上的同事也会在一起聚餐，平时工厂没什么活动，有时候他们自己拿钱组织活动。他说虽然品牌衣服的质量比较好，但是太贵了，一般是不穿的，否则的话买衣服一个月要花几百块，就剩不下钱了。

在访谈时笔者碰见一位咸阳的 F 公司员工，下午三点左右见她一人去吃饭，就顺便和她聊了起来。原来她昨晚去通宵上网故而刚睡醒，才这么晚吃饭。她说虽然厂里每个月会有 6 个小时的免费上网时间，但对她来说根本不够，而且机房里面很挤，周末常常没有位置，而且吃的都不准带进去，男生也不可以在里面吸烟，所以她常常到外面来上网。她说华阳街，从东头走到西头，一直是那样子，闭着眼就知道有什么东西，没有什么新鲜感。有时候会和朋友去松江镇玩，那是个很好的地方。她说自己有时候感觉去过很多地方，有时候感觉没去过很多地方。一般不去像徐汇、浦东这些繁华的地方。但是有几个原来的同学在新桥、泗塘那边，所以周末有空的时候常去那里玩，原来她在那里还读过一段时间的职校，所以对那儿挺有归属感的。问及有没有去过车墩影视基地时，她笑着说和朋友去过三次，第一次去那儿关门了就没有进去，所以后面又和朋友去了一次，而且觉得那里还挺好玩的。

在昆山的访谈也是类似的状况，他们虽然受到在学者话语体系的"剥削""异化""人驯化管理"等赤裸裸的压迫，但他们还是有自己的生活。换句话说，他们并不质疑现有的生产和生活秩序，而是试图寻找自我。

访员：请问您是在厂里住宿还是在外面住？

员工：我现在跟同一条线上的朋友在外面租房住。

访员：您为什么从厂里面搬出来呢？

员工：以前在厂里，宿管让打扫卫生，很烦。像我们上夜班，回来睡到下午两三点的时候宿管就会来催我们打扫卫生。

访员：那您跟姐妹打电话吗？

员工：跟她们也很少打，没话说，最多问问最近怎么样。

访员：那您平常都打电话给谁呢？

员工：打给朋友跟同学，跟他们聊天。

访员：都聊些什么呢？

员工：这就聊得多了。我们是有事说事，没事聊就聊诸如有没有女朋友啊这样的话。

访员：您平常放假都上哪儿玩呢？

员工：平常下班的话我会洗洗衣服还有看厂外发的杂志和电子知识的书。如果放假连三天的话我会到周边的城市转转。也跟朋友逛街、吃饭。

访员：你们一般几个人一起呢？

员工：不超过5个人。

访员：一般上哪儿吃呢？

员工：就小饭馆。

访员：每次饭钱怎么付呢？AA 制吗？

员工：不是，我们都是谁爽快谁请客，不过也不是一直都是那个人请，轮流来的。

访员：那你们一般平均下来每个人一次吃多少钱呢？

员工：两三个人点两三个菜，四五十这样子。

在工厂内部，管理者也试图用"梦想""成功""财富"等话语来激励员工努力工作。公司内部到处张贴着标语，"吃苦是财富之基，实践是成才之路""努力，努力，再努力"等。同样在 F 公司的《员工手册》的开篇，也充满着对新员工的鼓舞之词："冲刺美好梦想，追求绚丽人生""在这里，您将得到知识的拓展、经验的积累和智慧的锤炼；您的梦想，将从这里延伸到未来"。在新员工的培训课程中，比尔·盖茨、格鲁夫、曹兴诚等人士的奋斗史也常被用来激励员工。F 公司的文化里，似乎通过努力和坚持就能成就梦想。打造了"劳动致富的梦想"，试图劝说工人，只有努力工作、努力付出，才有可能成功，才有可能拥有财富。工厂里的每一个人都是潜在的竞争者，只有比别人学得更多、工作得更努力才能实现自己的梦想。享受更高水平的生活是他们所追求的目标。

访员：您觉得加班多吗？

员工：现在少了，以前多。不过，我希望加班少，现在挺好！

访员：为什么？好多人都想要加班的。

员工：加班少了，我可以利用业余时间多干点别的事。

访员：那您业余时间干什么呢？上培训班吗？

员工：以前学过 CAD，就是字图方面的工程培训。一个月 400 元。我学了两个月就不学了。

访员：为什么不接着学下去呢？是因为舍不得钱吗？

员工：有这方面原因。这个东西要学两三年才能出来，出来了就必须改行了，但是我觉得我自己的性格不适合干这行，就放弃了。

访员：那您平常干什么呢？

员工：我平常喜欢看书。

访员：您都看些什么类型的书呢？

员工：像我最近就在看《披着羊皮的狼》，这是关于人际交往的哲学类的书。我平常还喜欢看电视，主要也是看教人交际的电视节目。有的时候，我还喜欢跟朋友喝咖啡。

访员：喝咖啡？您很特别啊！

员工：是不是觉得像我这样的工人不应该喝这种东西？

访员：不是不是，只是您跟一般工人不一样！

员工：我喜欢跟有档次的人交流，这样可以提升自己。

访员：那您以后打算定居在昆山还是回家？

员工：家里人想让我在老家买房子，但是我不想，我想留在昆山，我发誓一定要留在这边！

访员：平常感觉得到压力吗？怎么排解这个压力呢？

员工：生活还是有压力的，我主要是找朋友聊天。像我现在在外面租房就是跟朋友一起，我们关系很好。厂里面的舍友关系就一般般了。

（三）追求自我的主体性

由上可见他们的日常生活都或多或少受到消费主义的影响，这样就使他们产生了金钱意识。工作并非目的而是达到目的的手段，他们的交往仅仅限于一个很小的朋友圈子，其他人的遭遇与自己毫无关系。同时把个人日常活动局限在上网、唱歌、购物、吃饭、提升品位等消费的场所。他们经常去商场、逛超市，大多数情况下仅仅是看一看商品、摸一摸想要的物品。正是这五光十色的商品满足了他们消费的欲望，也正是这些商品成了他们真正追寻的对象。

F公司工人常常将生活的劣势归结为他们自己的无能和不足，而不是社会经济秩序的结构性问题。在消费主义的影响下，A公司员工并没有完全绝望，而是试图为改变自己的命运做一些事情，去关注自己的命运和日常生活。一位工友这样讲述了她的消费经历："我刚来的时候工资很低，冬天冷的时候我去买羽绒服，我和朋友逛了一下午的商场，最后逛得腿都疼了。在环球商场发现一个羽绒服，我穿上的时候，我朋友说这个真好，真显瘦，然后我一问价格是600多元，我就不舍得买了，最后还是在朋友的怂恿下，一咬牙买了，但是后来很多天都心疼啊，我工资才1700元啊。还有一次我看上一个衣服，就是太贵了，然后我连着几天去找售货员，让她便宜点卖给我，最后售货员告诉我，妹子啊，我觉得你是真看上这件衣服了，我今天也心情好，我就六折卖给你吧，第二年他们店里搞活动打折才六折，我这衣服没买贵吧。我经常去森马什么店里买打折的衣服，正版的买不起啊，买便宜的又穿不出去。我的工资不知怎么的就没了，吃住都在公司，反正不知道花在哪里了。"

他们追求自己幸福的生活，在消费和闲暇时间中展示自己。A公司员工告诉我："我家里买房子贷了十几万的款，但是你看我身上买的衣服还是名牌，怎么着也不能亏待了自己。我是那种一个月挣3000元，我能花3500元的人。我们虽然每个月的工资不一样，但一个月下来剩的钱都差不多。工资高的逛街买点高档的东西，工资低的买点档次低的东西，反正大家都这样过呗。"还有两个在公司展厅工作的员工，一个来工作的原因是追星，要买某明星演唱会的门票；另一个是因为要买电脑，家里不给钱所以就出来打工挣钱。

"我这次出来主要是开开眼界、长长见识""回家开店""挣钱过更好的生活"是他们经常出现的话语。这种建立在个人利益至上的逻辑是消费社会的必然结果。

因为他们在面临外面的花花世界时，除了在下班的时间和休息的时间浏览光怪陆离的商品，买一些商品来弥补工作时的压力和改变自己的外表外，他们不知道还能做些什么。正如A公司一位员工所讲，"像今天就是下班出来转转，不过大多就在附近。礼拜天休息的时候会到市区里，买买衣服什么的，这边也有卖，但是总觉得款式不怎么好，买衣服大部分还是去市区，那边选择多一点。"

有员工说自己打工的目的是"努力赚钱，让自己的生活条件有所改变，让自己适应所在的环境和社会。工作是为创造生活而做的，要想有好的生活，必须用心地工作，要学会感恩、懂得人情世故"。还有的员工说，"我现在的生活很平淡，很多时候感觉不充实。希望自己没事的时候多读些书，参加一些业余活动，使自己的生活丰富起来。趁着自己年轻，多学习一点东西，为以后的生活打好基础""努力赚更多的钱，改变现在的状况，提高自己的品位，让自己的生活更充实""我喜欢旅游，想看遍世界的每一处美景，想通过各种渠道去了解社会，认识社会，丰富自己的阅历"等。他们追求自己幸福的生活，在消费和闲暇时间中展示自己，在具体行为风格上有他们自己的方式。某员工认为：走自己的路，让别人说去吧，在工作及生活中，无论你做得再好，也有不足的地方。所以不必在意别人的话，相信自己就好。在很多时候，自己的意见及想法会与别人不太一样，要有足够的勇气坚持自己的想法。另外，还要有一颗宽容的心去包容别人的错误及失误，因为包容别人也是包容自己，学会包容，内心才会豁达，事情才会做得更好。他们不再以改变世界为己任，而是要自己努力适应这个社会。时代在改变，自身也要一步步改变，融进社会这个大家庭，首先要改变自己的思维。在消费因素的影响下，普通大众更多的注意力聚焦在个体的、微观的日常生活。

三、小结：破除虚假欲望，重构消遣经济

消遣经济是费孝通在《禄村农田》中提出的概念，用来描述中国传统的经济形态。这个概念最初是用来针对那些雇工自营和把田地租给别人经营的人而言的，这些人倾向于脱离劳动，而不是参加劳动使土地产出最大化的理性主义行为。"那辈脱离了农田劳动的人，在我看来，在农作中省下来的劳力，并没有在别的生产事业中加以利用，很可能说大部分是浪费在烟榻上，赌桌边，街头巷尾的闲谈中，城里的茶馆里。"（费孝通，1990：115-116）张敦福（2015）指出面临当下中国公共生活的缺失、社

会整合度低的现状，亟须重建传统乡土社会的休闲、消遣观念和生活态度并予以平衡。消遣经济分为几个命题：消遣经济指的是传统农村社会的经济态度，其核心是少劳作，少消费，有休闲；空闲时间被消耗于茶坊、酒肆，一起抽烟、说长说短，甚至"鬼混"，其中不少是参与公共生活，即"仪式投资"；全村自给自足的程度很高，自足自得的消遣经济生活比较普遍。

而在当代社会人们缺少了大把的闲暇时间，更不用说这种悠然的生活方式了。在 F 公司员工那里即使有了闲暇时间也被现代消费的欲望所占据，员工在消费欲望的支配下陷入了不停地工作、消费的怪圈，缺少了传统的公共交流活动。但是他们所欲望的是别人的欲望，是资本的逻辑（潘毅，2002），当他们想通过消费来改变自己的身份时就像阳光下的气泡一样，虽然美丽却容易破灭。在闲暇时间，他们不是彼此交流、进行仪式投资等，而是逛街、看看光怪陆离的商品、嗅一嗅梦想中的物品、谈赚钱做老板等，造成了彼此的隔离和疏远。当他们的消费欲望得不到实现时，就会感到失落，就像一位员工说的那样，"那些老板，一顿饭就吃几万块，我连几十块的东西都吃不起，我真有种想要抢劫的冲动。"

要想解决这些问题，重构消遣经济是很有必要的。这并不意味着要回归传统的消遣经济，因为工人的主体性和社会状况发生了转变，回到闲适的消遣经济是痴人说梦。首先，我们要做的是增加闲暇时间的"消遣性"和公共性，增进人际间的情感交流。其次，要使消费能力和消费欲望同步增长，这样才不至于使主观消费欲望与客观的消费能力间的鸿沟越来越大。最后，消费主义在演变成"欲望机器"时，也逐渐成为一种新的治理工具，普通民众要认清自己的需要，打破法兰克福学派的"虚假需求"。

参考文献

［1］［英］亚当·斯密. 国富论［M］. 郭大力，王亚南，译. 上海：三联书店，2009.

［2］C. 泰勒. 本真性伦理［M］. 程炼，译. 上海：上海三联书店，2012a.

［3］C. 泰勒. 自我的根源：现代认同的形成［M］. 韩震，译. 南京：译林出版社，2012b.

［4］阿尔利吉. 历史视野中的劳动力供给——罗德西亚非洲农民工市民化研究［M］//徐宝强，渠敬东. 反市场的资本主义. 北京：中央编译出版社，2001.

［5］埃伦·梅克辛斯·伍德，约翰·贝拉米·福斯特，EllenMeiksinsWood，等. 保卫历史：马克思主义与后现代主义［M］. 郝名玮，译. 北京：社会科学文献出版社，2009.

［6］艾伦·伍德. 新社会主义［M］. 尚庆飞，译. 南京：江苏人民出版社，2008.

［7］奥利维耶·阿苏利. 审美资本主义：品位的工业化［M］. 黄琰，译. 上海：华东师范大学出版社，2013.

［8］鲍德里亚. 符号政治经济学批判［M］. 夏莹，译. 南京：南京大学出版社，2009.

［9］鲍德里亚. 消费社会［M］. 刘成富，全志钢，译. 南京：南京大学出版社，2008.

［10］鲍曼. 工作、消费、新穷人［M］. 仇子明，李兰，译. 长春：吉林出版集团有限责任公司，2010.

［11］鲍曼. 流动的生活［M］. 徐朝友，译. 南京人民出版社，2012.

［12］鲍曼. 流动的现代性［M］. 欧阳景根，译. 北京：上海三联书店，2002.

［13］贝尔. 后工业社会的来临［M］. 高铦，等译. 北京：新华出版社，1997.

［14］贝克，等. 自发性现代化：现代社会秩序中的政治、传统与美学［M］. 赵文书，译. 北京：商务印书馆，2001.

［15］贝克，格恩斯海姆. 个体化［M］. 李荣山，等译. 北京大学出版社，2011.

［16］贝克. 风险社会［M］. 何博闻，译. 南京：译林出版社，2004.

［17］贝里. 奢侈的概念：概念及历史的探究［M］. 江红，译. 上海：上海人民出版社，2005.

［18］波德里亚. 象征交换与死亡［M］. 车槿山，译. 南京：译林出版社，
　　　2009.

［19］波兰尼. 大转型［M］. 刘阳，冯钢，译. 杭州：浙江人民出版社，
　　　2007.

［20］布迪厄. 区分：判断力的社会批判［M］. 刘晖，译. 北京：商务
　　　印书馆.

［21］边沁. 道德与立法原理导论［M］. 时殷弘，译. 北京：商务印书
　　　馆，2000.

［22］布尔迪约，帕斯隆. 再生产：一种教育系统理论的要点［M］. 邢
　　　克超，译. 北京：商务印书馆，2002.

［23］布洛维. 公共社会学［M］. 沈原，等译. 北京：社会科学文献出
　　　版社，2007.

［24］布若威. 制造同意：垄断资本主义劳动过程的变迁［M］. 李荣荣，
　　　译. 北京：商务印书馆，2008.

［25］蔡昉. 农民工市民化与新消费者的成长［J］. 中国社会科学院研究
　　　生院学报，2011（3）：5-11.

［26］蔡昉. 中国经济面临的转折及其对发展和改革的挑战［J］. 中国社
　　　会科学，2007（3）：4-12.

［27］查克拉巴提. 工人阶级生活和工作状况的认知条件：1890—1940 年
　　　间加尔各答的雇主、政府和黄麻工人［M］//刘健芝，徐兆麟. 庶
　　　民研究. 北京：中央编译出版社，2005.

［28］常凯. 劳动关系的集体化转型与政府劳工政策的完善［J］. 中国社

会科学，2013（6）：91-108.

［29］陈峰. 国家、制度与工人阶级的形成——西方文献及其对中国劳工问题研究的意义［J］. 社会学研究，2009（5）：165-188.

［30］陈佩华. 中国出口工业区的罢工：比较的视野［J］. 刘建洲，译. 开放时代，2013（2）：156-175.

［31］陈述. 城市化动力：中国社会主义现代化的经验与现实［J］. 社会主义研究，2004（4）：34-37.

［32］陈映芳. 农民工：制度安排与身份认同［J］. 社会学研究，2005（3）：119-132.

［33］仇立平，顾辉. 社会结构与阶级的生产——结构紧张与分层研究的阶级转向［J］. 社会，2007（2）：26-51.

［34］仇立平. 回到马克思：对中国社会分层研究的反思［J］. 社会，2006（4）：23-42，206.

［35］戴慧思，卢汉龙. 中国城市的消费革命［M］. 上海：上海社会科学院出版社，2003.

［36］德波. 景观社会［M］. 王昭风，译. 南京：南京大学出版社，2006.

［37］德热拉斯. 新阶级［M］. 陈逸，译. 北京：世界知识出版社，1963.

［38］迪尔凯姆. 社会学方法的准则［M］. 狄玉明，译. 北京：商务印书馆，2009.

［39］多伊布勒. 超越标准劳动合同——来自德国的经验［M］//鲁道夫·特

劳普－梅茨，张俊华．劳动关系比较研究：中国、韩国、德国／欧洲．北京：中国社会科学出版社，2010．

［40］凡勃伦．有闲阶级论［M］．蔡受百，译．北京：商务印书馆，2004．

［41］费瑟斯通．消费文化与后现代主义［M］．刘精明，译．南京：译林出版社，2000．

［42］费孝通，张之毅．云南三村［M］．天津：天津人民出版社，1990．

［43］费孝通．及早重视小城镇的环境问题．论小城镇及其他［M］．天津：天津人民出版社，1986．

［44］冯仕政．重返阶级分析？——论中国社会不平等研究的范式转换［J］．社会学研究，2008（5）：203-228．

［45］弗洛姆，张燕．在幻想锁链的彼岸——我所理解的马克思和弗洛伊德［M］．湖南：湖南人民出版社，1986．

［46］弗洛姆．占有还是生存［M］．关山，译．北京：生活·读书·新知三联书店，1989．

［47］福柯著．规训与惩罚［M］．刘北成，杨远婴，译．北京：生活·读书·新知三联书店，2003．

［48］高柏．新发展主义与古典发展主义——中国模式与日本模式的比较分析［J］．社会学研究，2006（1）：114-138．

［49］高梁．全球化、解放思想与转变经济发展方式［J］．开放导刊，2009（2）：14-19．

［50］高佩义．中外城市化比较研究［M］．天津：南开大学出版社，

1991.

［51］葛兰西. 狱中札记［M］. 曹雷雨，等译. 北京：中国社会科学出版社，2000.

［52］郭懋安. 新自由主义与劳动的非正规化［J］. 国外理论动态，2010（1）：28-32.

［53］郭于华，黄斌欢. 世界工厂的"中国特色"：新时期工人状况的社会学鸟瞰［J］. 社会，2014（4）：49-66.

［54］郭忠华，刘训练. 公民身份与社会阶级［M］. 南京：江苏人民出版社，2007.

［55］国际劳工组织. 世界就业报告（1998-1999）［M］. 北京：中国劳动社会保障出版社，2000.

［56］哈贝马斯. 作为"意识形态"的技术和科学［M］. 李黎，等译. 上海：学林出版社，1999.

［57］哈尔珀琳. 现代欧洲的战争与社会变迁：大转型再探［M］. 唐皇凤，武小凯，译. 南京：江苏人民出版社，2009.

［58］汉娜·阿伦特，阿伦特，王寅丽. 人的境况［M］. 上海：上海人民出版社，2009.

［59］何明洁. 劳动与姐妹分化——"和记"生产政体个案研究［J］. 社会学研究，2009（2）：149-179.

［60］贺雪峰. 笔谈：关于"中国式小农经济"［J］. 南京农业大学学报，2013（6）.

［61］胡鞍钢，马伟. 现代中国经济社会转型：从二元结构到四元结构

（1949—2009）［J］．清华大学学报，2012（1）：16-29.

［62］胡鞍钢，赵黎．中国转型期非正规就业与非正规经济（1990—2004）［J］．清华大学学报，2006（3）：111-119.

［63］黄斌欢．双重脱嵌与新生代农民工的阶级形成［J］．社会学研究，2014（2）：170-188.

［64］黄岩．工厂外的赶工游戏——以珠三角地区的赶货生产为例［J］．社会学研究，2012（4）：187-203.

［65］黄宗智，高原，彭玉生．没有市民化的资本化：中国的农业发展［J］．开放时代，2012（3）：10-30.

［66］黄宗智，李强，潘毅，等．中国非正规经济［J］．开放时代，2011（1）：5-37.

［67］黄宗智，彭玉生．三大历史性变迁的交汇与中国小规模农业的前景［J］．中国社会科学，2007（4）：74-88.

［68］黄宗智．华北的小农经济与社会变迁［M］．北京：中华书局，1986.

［69］黄宗智．中国被忽视的非正规经济：现实与理论［J］．开放时代，2009（2）：51-73.

［70］黄宗智．中国的隐性农业革命［M］．北京：法律出版社，2010.

［71］黄宗智．中国发展经验的理论与实用含义：非正规经济实践［J］．开放时代，2010（10）：134-158.

［72］黄宗智．中国过去和现在的基本经济单位——家庭还是个人？［J］．人民论坛·学术前沿，2012（1）：76-93.

［73］黄宗智. 重新认识中国劳动人民——劳动法规的历史演变与当前的非正规经济［J］. 开放时代, 2013（5）：56-73.

［74］霍布斯鲍姆, 艾瑞克. 极端的年代［M］. 马凡, 等译. 南京：江苏人民出版社, 2011.

［75］霍克海默. 启蒙辩证法［M］. 渠敬东, 曹卫东, 译. 上海：上海人民出版社, 2006.

［76］霍普. 个人主义时代之共同体重建［M］. 沈毅, 译. 杭州：浙江大学出版社, 2009.

［77］吉登斯. 现代性的后果［M］. 田禾, 译. 南京：译林出版社, 2000.

［78］吉登斯. 现代性和自我认同：现代晚期的自我与社会［M］. 赵旭东, 方文, 译. 北京：生活·读书·新知三联书店, 1998.

［79］金一虹. 非正规劳动力市场的形成和发展［J］. 学海, 2000（4）：91-97.

［80］具海根. 从农场到工厂：韩国的无产阶级化历程［J］. 开放时代, 2009（10）：5-20.

［81］卡茨纳尔逊. 工人阶级的形成与国家：从美国视角看 19 世纪的英格兰［M］// 埃文斯, 鲁施迈耶, 斯考克波, 等. 找回国家. 方力伟, 等译. 北京：生活·读书·新知三联书店, 2009.

［82］凯尔纳. 波德里亚：批判性读本［M］. 陈维振, 等译. 南京：江苏人民出版社, 2005.

［83］凯斯 E·福格森, 刘建洲. 阶级意识与马克思主义辩证法：一个艰

难的综合［J］. 上海行政学院学报，2008（4）：92-101.

［84］科伊内，高尔戈齐. 欧洲：工资和工资集体协议：自二十世纪九十

年代中期以来的发展［M］. 崔钰雪，译. 北京：中国工人阶级出

版社，2012.

［85］卢梭. 社会契约论［M］. 何兆武，译. 商务印书馆，2003.

［86］卢梭. 爱弥尔［M］. 李平沤，译. 商务印书馆，1978.

［87］拉什，卢瑞. 全球文化工业：物的媒介化［M］. 要新乐，译. 北京：

社会科学文献出版社，2010.

［88］赖特. 后工业社会中的阶级［M］. 陈心想，等译. 沈阳：辽宁教

育出版社，2004.

［89］赖特. 阶级［M］. 刘磊，吕梁山，译. 北京：高等教育出版社，

2006.

［90］蓝宇蕴. 都市村社共同体——有关农民城市化组织方式与生活方式

的个案研究［J］. 中国社会科学，2005（2）：144-154，207.

［91］雷弗. 乔万尼·阿瑞吉：资本的绘图师［J］. 张焕君，王志超，

译. 国外理论动态，2011（3）：67-73.

［92］雷蒙·阿隆. 阶级斗争：工业社会新讲［M］. 周以光，译. 南京：

译林出版社，2003.

［93］李·特纳. 关于阶级的冲突：晚期工业主义不平等之辩论［M］. 姜辉，

译. 重庆：重庆出版社，2005.

［94］李伯重. 江南的早期工业化［M］. 北京：社会科学文献出版社，

2000.

［95］李春玲. 当代中国社会的消费分层［J］. 中山大学学报，2007（4）：8-13.

［96］李春玲. 断裂与碎片当代中国社会阶层分化实证分析［M］. 北京：社会科学文献出版社，2005.

［97］李弘烈. 乡镇企业、小城镇与城市化道路. 中国城市化道路——思考与选择［M］. 成都：四川大学出版社，1988.

［98］李洁. 重返生产的核心——基于劳动过程理论的发展脉络阅读《生产政治》［J］. 社会学研究，2005（5）：234-242.

［99］李力行. 中国的城市化水平：现状、挑战和应对［J］. 浙江社会科学，2010（12）：27-34.

［100］李强. "丁字型"社会结构与"结构紧张"［J］. 社会学研究，2005（2）：55-73，243-244.

［101］李伟东. 消费、娱乐和社会参与——从日常行为看农民工与城市社会的关系［J］. 城市问题，2006（8）：64-68.

［102］李炜. 中国与韩国社会阶级意识的比较研究［J］. 社会学研究，2004（5）：80-95.

［103］里泽. 麦当劳梦魇——社会麦当劳化［M］. 容冰，译. 北京：中信出版社，2006.

［104］理查德. 阶级［M］. 雷玉琼，译. 长春：吉林人民出版社，2005.

［105］梁萌. 在生产体制中发现工人阶级的未来——读布洛维劳动过程理论三步曲之一《辉煌的过去》［J］. 社会学研究，2007（1）.

［106］列宁. 列宁全集（第6卷）［M］. 中央编译局，译. 北京：人民
出版社，1986.

［107］刘建洲. 历史事件、主体行动与结构变革［J］. 开放时代，2013
（2）：214-222.

［108］刘建洲. 无产阶级化历程：理论解释、历史经验及其启示［J］.
社会，2012（2）：51-83.

［109］刘易斯. 二元经济论［M］. 施炜，等译. 北京经济学院出版社，
1989.

［110］卢秉利，匡立波. 农民工：亦工亦农的新阶层［J］. 社会主义研究，
2007（1）：83-85.

［111］卢晖临，李雪. 如何走出个案——从个案研究到扩展个案研究［J］.
中国社会科学，2007（1）：118-130.

［112］卢晖临，潘毅. 当代中国第二代农民工的身份认同、情感与集体
行动［J］. 社会，2014（4）：1-24.

［113］卢晖临，潘毅. 当代中国第二代农民工的身份认同、情感与集体
行动［J］. 社会，2014（4）：1-24.

［114］卢卡奇. 历史与阶级意识［M］. 杜章智，等译. 北京：商务印书
馆，1999.

［115］卢瑞. 消费文化［M］. 张萍，译. 南京：南京大学出版社，
2003.

［116］陆学艺. 当代中国社会阶层研究报告［M］. 北京：社会科学文献
出版社，2002.

［117］罗钢. 消费文化读本［M］. 北京：中国社会科学出版社，2003.

［118］罗霞，王春光. 新生代农村流动人口的外出动因与行动选择［J］. 浙江社会科学，2003（1）：111-115.

［119］马尔库塞. 单向度的人［M］，刘继，译. 上海：上海译文出版社，2006.

［120］马克思，恩格斯. 马克思恩格斯选集（第二卷·上）［M］. 中央编译局，译. 北京：人民出版社，1972.

［121］马克思，恩格斯. 马克思恩格斯选集（第一卷）［M］. 中央编译局，译. 北京：人民出版社，1995.

［122］马克思，卡尔. 1844年经济学——哲学手稿［M］. 北京：人民出版社，2000.

［123］马克思. 资本论（第一卷）［M］. 中央编译局，译. 北京：人民出版社，2004.

［124］迈克尔·茨威格. 阶级作为经济学中的一个问题［J］. 刘建洲，译. 上海行政学院学报，2007（3）：99-107.

［125］孟捷，李怡乐，张衔. 非自由劳工与现代资本主义劳动关系的多样性［J］. 贵州大学学报（社会科学版），2012，30（6）：1-6.

［126］孟捷，李怡乐. 改革以来劳动力商品化和雇佣关系的发展——波兰尼和马克思的视角［J］. 开放时代，2013（5）：74-106.

［127］米勒，物质文化与大众消费［M］. 费文明，朱晓宁，译. 江苏：江苏美术出版社，2010.

［128］潘毅，陈敬慈. 阶级话语的消逝［J］. 开放时代，2008（5）：

53–60.

［129］潘毅，卢晖临，蔡禾，等. 农民工：未完成的市民化［J］. 开放时代，
　　　　2009（6）.

［130］潘毅，卢晖临. 大工地：城市建筑工人的生存图景［M］. 北京：
　　　　北京大学出版社，2010.

［131］潘毅，任焰. 国家与农民工：无法完成的市民化［J］. 二十一世纪，
　　　　2008（107）.

［132］潘毅. 阶级的失语与发声——中国打工妹研究的一种理论视角
　　　　［J］. 开放时代，2005（2）：95–107.

［133］潘毅. 全球化工厂体制与"道德理念重构"——跨国公司生产守
　　　　则与中国劳动关系［J］. 开放时代，2005（2）：108–125.

［134］潘毅. 中国女工——新兴打工阶级的呼唤［M］. 任焰，译. 明报
　　　　出版社有限公司，2007.

［135］彭慕兰. 大分流：欧洲、中国及现代世界经济的发展［M］. 史建
　　　　云，译. 南京：江苏人民出版社，2004.

［136］彭希哲，姚宇. 厘清非正规就业概念，推动非正规就业发展［J］.
　　　　社会科学，2004（7）：63–72.

［137］亓昕. 建筑业欠薪机制的形成与再生产分析［J］. 社会学研究，
　　　　2011，26（5）：55–79，243–244.

［138］钱乘旦. 工业革命与英国工人［M］. 南京：南京出版社，1992.

［139］钱穆. 中国历代政治得失［M］. 北京：生活·读书·新知三联书
　　　　店，2005.

［140］清华大学社会学系课题组. 困境与行动——新生代农民工与"农民工生产体制"的碰撞［J］. 清华社会学评论，2013：46-131.

［141］邱林川. 信息时代的世界工厂［M］. 桂林：广西师范大学出版社，2013.

［142］任焰，梁宏. 资本主导与社会主导——"珠三角"农民工居住状况分析［J］. 人口研究，2009，33（2）：92-101.

［143］任焰，潘毅. 跨国劳动过程的空间政治：全球化时代的宿舍劳动体制［J］. 社会学研究，2006（4）：21-33，242.

［144］任焰，潘毅. 农民工劳动力再生产中的国家缺位［C］// 中国社会学会学术年会. 中国社会学会，2007.

［145］任焰，潘毅. 宿舍劳动体制：劳动控制与抗争的另类空间［J］. 开放时代，2006（3）：124-134.

［146］塞勒尼，汤斯利. 无需资本家打造资本主义［M］. 吕鹏，吕佳龄，译. 北京：社会科学文献出版社，2008.

［147］杉原薫. 东亚经济发展之路——一个长期视角［M］// Arrighi，Giovanni，滨下，等. 东亚的复兴：以500年、150年和50年为视角. 北京：社会科学文献出版社，2006.

［148］尚·布希亚. 物体系［M］. 林志明，译. 上海：上海人民出版社，2001.

［149］沈幼荪，具海根. 工业变迁与台湾的无产阶级化历程［J］. 甘肃行政学院学报，2011（4）：72-82.

［150］沈原，闻翔. 转型社会学视野下的劳工研究［J］. 中国工人，2014（5）：

30–34.

［151］沈原. "强干预"与"弱干预"：社会学干预方法的两条途径［J］.
社会学研究，2006（5）：1–25，243.

［152］沈原. 社会的生产［J］. 社会，2007（2）：170–191，207–208.

［153］沈原. 社会转型与工人阶级的再形成［J］. 社会学研究，2006（2）：
13–36，243.

［154］沈原. 市场、阶级与社会——转型社会学的关键议题［M］. 北京：
社会科学文献出版社，2007.

［155］斯特恩斯. 世界历史上的消费主义［M］. 邓超，译. 北京：商务
印书馆，2014.

［156］苏国勋. 社会理论（第四辑）［M］. 北京：社会科学文献出版社，
2008.

［157］孙帅. 神圣社会下的现代人——论涂尔干思想中个体与社会的关
系［J］. 社会学研究，2008（4）：76–100，243.

［158］泰勒. 现代性之隐忧［M］. 程炼，译. 北京：中央编译出版社，
2001.

［159］谭深，刘开明. 跨国公司的社会责任与中国社会［M］. 北京：社
会科学文献出版社，2002.

［160］汤普森. 英国工人阶级的形成［M］. 钱乘旦，译. 南京：译林出
版社，2001.

［161］唐文明. 究竟什么是无产阶级？［J］. 中共天津市委党校学报，
2008，10（6）.

［162］佟新. 社会变迁与工人社会身份的重构［J］. 社会学研究，2002
　　　（6）.

［163］涂尔干. 宗教生活的基本形式［M］. 北京：商务印书馆，2011.

［164］托达罗. 第三世界的经济发展［M］. 于同申，等译. 中国人民大
　　　学出版社，1988.

［165］托克维尔. 论美国的民主［M］. 董界良，译. 北京：商务印书馆，
　　　2010.

［166］汪建华，孟泉. 新生代农民工的集体抗争模式——从生产政治到
　　　生活政治［J］. 开放时代，2013（1）：165-177.

［167］汪建华. 新工人的生活与抗争政治——基于珠三角集体抗争案例
　　　的分析［J］. 清华社会学评论，2013：190-214.

［168］王春光. 当前中国社会阶层关系变迁中的非均衡问题［J］. 社会，
　　　2005（5）：58-77.

［169］王春光. 农村流动人口的"半城市化"问题研究［J］. 社会学研究，
　　　2006（5）：107-122，244.

［170］王春光. 新生代农村流动人口的社会认同与城乡融合的关系［J］.
　　　社会学研究，2001（3）：63-76.

［171］王国斌. 转变的中国：历史变迁与欧洲经验的局限［M］. 李伯重，
　　　连玲玲，译. 南京：江苏人民出版社，2005.

［172］王宁. 从苦行者社会到消费者社会：中国城市消费制度、劳动激
　　　励与主体结构的转型［M］. 北京：社会科学文献出版社，2009.

［173］王宁. 消费与认同——对消费社会学的一个分析框架的探索［J］.

社会学研究，2001（1）：4-14.

［174］王绍光．从经济政策到社会政策：中国公共政策格局的历史性转变
［J］．中国公共政策评论，2007，1（0）：29-45.

［175］王小章．从"生存"到"承认"：公民权视野下的农民工问题［J］.
社会学研究，2009，24（1）：121-138，244-245.

［176］威利斯．学做工：工人阶级子弟为何继承父业［M］．秘舒，凌旻
华，译．南京：译林出版社，2013.

［177］温铁军．八次危机［M］．北京：东方出版社，2012.

［178］闻翔，周潇．西方劳动过程理论与中国经验：一个批判性的述评
［J］．中国社会科学，2007（3）：29-39.

［179］闻翔．工业化、阶级形成与劳工研究的两种写法［M］//国外社会
科学前沿．上海：上海人民出版社，2012.

［180］沃勒斯坦．现代世界体系［M］．罗荣渠，等译．北京：高等教育
出版社，1998.

［181］吴敬琏．发展中小企业是中国的大战略［J］．宏观经济研究，
1999（7）：3-7.

［182］吴清军．国企改制与传统产业工人转型［M］．北京：社会科学文
献出版社，2010.

［183］吴清军．西方工人阶级形成理论述评——立足中国转型时期的思
考［J］．社会学研究，2006（2）：182-203，246.

［184］吴艳．解决农民工二代就业的必要性及其对策研究［J］．河北农
业科学，2009，13（2）：133-134，138.

［185］吴玉彬. 鲍德里亚和马克思的异曲同工之处 读鲍德里亚的《消费社会》［J］. 社会，2013，33（5）：230-241.

［186］吴玉彬. 现代自我认同何以可能——基于查尔斯·泰勒的道德地形学的思考［J］. 教育学术月刊，2013（10）：33-39.

［187］吴玉彬. 消费视野下新生代农民工阶级意识个体化研究［J］. 青年研究，2013（2）：31-39，95.

［188］西尔弗. 劳工的力量：1870年以来的工人运动与全球化［M］. 张璐，译. 北京：社会科学文献出版社，2012.

［189］肖瑛. 把个人带回社会［C］// 应星，李猛. 社会理论：现代性与本土化. 北京：生活·读书·知新三联书店，2012.

［190］肖瑛. 把个人带回社会［C］// 应星，李猛. 社会理论：现代性与本土化. 北京：生活·读书·知新三联书店，2012.

［191］肖瑛. 把个人带回社会［J］. 社会. 2006（5）.

［192］肖瑛. 差序格局与中国社会的现代转型［J］. 探索与争鸣，2014（6）：48-54.

［193］肖瑛. 风险社会与中国［J］. 探索与争鸣，2012（4）：46-51.

［194］肖瑛. 重建公共性的核心议题——转型期个人主义与公共性建设的关系探讨［J］. 人民论坛，2014（11）：14-18.

［195］谢建社. 新产业工人阶层——社会转型中的"农民工"［M］. 北京：社会科学文献出版社，2005.

［196］熊秉纯. 客厅即工厂［M］. 重庆：重庆大学出版社，2010.

［197］熊易寒，杨肖光. 学校类型对农民工子女价值观与行为模式的影

响——基于上海的实证研究［J］．青年研究，2012（1）：71-82，96.

［198］熊易寒．底层、学校与阶级再生产［J］．开放时代，2010（1）：94-110.

［199］徐冰．"自我的道德地形学"一个具有心理学和社会学意涵的本体诠释学理论［J］．社会，2012（2）：1-32.

［200］徐冰．"自我的道德地形学"一个具有心理学和社会学意涵的本体诠释学理论［J］．社会，2012（2）：1-32.

［201］许叶萍，石秀印．工人阶级形成：体制内与体制外的转换［J］．学海，2006（4）：27-39.

［202］亚当·普沃斯基，刘建洲．无产阶级的阶级形成历程——从卡尔·考茨基的《阶级斗争》到最近的一些争议［J］．清华社会学评论，2013：132-189.

［203］亚里士多德．政治学［M］．颜一，秦典华，译．北京：中国人民大学出版社，2003.

［204］严翅君．长三角城市农民工消费方式的转型——对长三角江苏八城市农民工消费的调查研究［J］．江苏社会科学，2007（3）：224-230.

［205］阎云翔．中国社会的个体化［M］．陆洋，等译．上海：上海译文出版社，2012.

［206］杨慧．资本的蜿蜒之路［J］．国外理论动态，2009（9）.

［207］杨云善，时明德．中国农民工问题分析［M］．北京：中国经济出

版社，2005.

[208] 仰海峰. 走向后马克思：从生产之境到符号之境［M］. 北京：中央编译出版社，2003.

[209] 尹晓颖，薛德升，闫小培. "城中村"非正规部门形成发展机制——以深圳市蔡屋围为例［J］. 经济地理，2006（6）：969-973.

[210] 英格尔哈特. 发达工业社会的文化转型［M］. 张秀琴，译. 北京：社会科学文献出版社，2013.

[211] 英格尔哈特. 现代化与后现代化：43 个国家的文化、经济与政治变迁［M］. 严挺，译. 北京：社会科学文献出版社，2013.

[212] 应星，李猛. 社会理论：现代性与本土化——苏国勋教授七十华诞暨叶启政教授荣休论文集［M］. 北京：生活·读书·知新三联书店，2012.

[213] 余晓敏，潘毅. 消费社会与"新生代打工妹"主体性再造［J］. 社会学研究，2008（3）：143-171，245.

[214] 余晓敏. 经济全球化背景下的劳工运动：现象、问题与理论［J］. 社会学研究，2006（3）：188-218，245-246.

[215] 余源培. 评鲍德里亚的"消费社会理论"［J］. 复旦学报（社会科学版），2008（1）：15-22.

[216] 岳经纶，郭巍青. 中国公共政策评论（第 1 卷）［M］. 上海：上海人民出版社，2007.

[217] 张敦福. "消遣经济"的迷失：兼论当下中国生产、消费与休闲关系的失衡［J］. 社会科学，2015（10）：47-54.

［218］张敦福．商品拜物教：一个跨学科理论话语的应用与误用［J］．
社会科学，2020（12）：69-78．

［219］张富良．农民工：中国的新产业工人［J］．中共天津市委党校学报，
2003（2）：60-64．

［220］张鹏．城市里的陌生人：中国流动人口的空间、权力与社会网络
的重构［M］．袁长庚，译．南京：江苏人民出版社，2013．

［221］张秀琴．当代美国"经济马克思主义"的社会发展观——以布
伦纳的"社会财产关系论"为例［J］．江海学刊，2012（4）：
28-35．

［222］张秀琴．马克思主义社会与历史理论的经济学视角——罗伯特·布
伦纳教授访谈［J］．北京行政学院学报，2011（6）：53-57．

［223］张一兵．反鲍德里亚：一个后现代学术神话的祛序［M］．北京：
商务印书馆，2009．

［224］赵芳．"新生代"，一个难以界定的概念——以湖南省青玄村为例
［J］．社会学研究，2003（6）：71-83．

［225］郑广怀．工人阶级的失语——读《工人阶级经验的现象学研究》
［M］//当代中国社会分层：理论与实证．北京：社会科学文献
出版社，2006：298-304．

［226］郑广怀．伤残农民工：无法被赋权的群体［J］．社会学研究，
2005（3）：99-118，243-244．

［227］郑广怀．社会转型与个体痛楚——评《中国制造：全球化工厂下
的女工》［J］．社会学研究，2007（2）：211-227．

［228］郑广怀. 我们都是农民工［M］//蓝白仓库. 广州：南方日报出版社，2011.

［229］郑松泰. "信息主导"背景下农民工的生存状态和身份认同［J］. 社会学研究，2010，25（2）：106-124，244-245.

［230］周潇. 反学校文化与阶级再生产："小子"与"子弟"之比较［J］. 社会，2011，31（5）：70-92.

［231］朱宝树. 城市化的城乡差别效应和城乡协调发展［J］. 人口研究，2004（1）：22-27.

［232］朱力. 农民工阶层的特征与社会地位［J］. 南京大学学报（哲学·人文科学·社会科学版），2003（6）：41-50.

［233］朱丽叶，等. 消费的欲望［M］. 朱琳，译. 北京：中国社会科学出版社，2007.

［234］Andrew W，Jones. Caring Labor and Class Consciousness：The Class Dynamics of Gendered Work［J］. Sociological Forum，2001，16（2）：281-299.

［235］Ben Fine. The World of Consumption：The material and cultural revisited［M］. London and New York：Routledge，2002.

［236］Block F L. The Origins of International Economic Disoeder［M］. Berleley and Los Angeles：University of California Press，1977.

［237］Brenner. From theory to history：The European Dynamic or feudalism to capitalism? ［M］//An Anatomy of Power. Britain：Cambridge University Press，2006：189-232.

［238］Burawoy and Lukacs. The Radiant Past: Ideology and Reality in Hungary's Road to Capitalism［M］. Chicago: Univ. Chicago Press, 1992.

［239］Carrier, James, Josiah Heyman. Consumption and Political Economy［J］. The Journal of the Royal Anthropological Institute, 1997, 3（2）: 355–373.

［240］Don Slater. Consumer culture and modernity［M］. Cambridge: Polity Press, 1997.

［241］Eyerman R. Some Recent Studies in Class Consciousness［J］. Theory and Society, 1982, 11（4）: 541–553.

［242］Frances Piven. Power Repertoires and Globalization［J］. Politics and Society, 2000, 28（3）: 413–430.

［243］Giddens. The Class Structure of the Advanced Societies［M］. New York: Harper & Row, 1973.

［244］Gorz, Andre. Farewell to the Working Class: An Essay on Post-Industrial Socialism［M］. London: PlutoPress, 1982.

［245］Hobson J A. Imperialism: A study［M］. London: Allen and Unwin, 1902.

［246］John H. Goldthorpe and David Lockwood. The Affluent Worker in the Class Structure［M］. Cambridge: Cambridge University Press, 1969.

［247］Jon Elster. Making sense of Marx［M］. Cambridge: Cambridge University Press, 1985.

[248] Katznelson Ira, Zolberg Aristide (ed) . Working Class Formation: The Nineteenth Century Patterns in Western Europe and the United States [M] . Princeton: Princeton University Press, 1986.

[249] Kaye H J, McClelland K, Harvey J, et al. EP Thompson: Critical Perspectives [M] . Philadelphia: Temple University Press, 1990.

[250] Korkotsides. Consumer Capitalism [M] . London and New York: Routledge, 2007.

[251] Laitinen A. Strong Evaluation without Moral Sources: On Charles Taylor's Philosophical Anthropology and Ethics [J] . Berlin: Walter de Gruyter, 2008.

[252] Levine. Family Formation in an Age of Nascent Capitalism [M] . Cambridge : Cambridge University Press, 1977.

[253] Light. From Migrant Enclaves to Mainstream: Reconceptualizing Informal Economic Behavior [J] . Theory and Society, 2004 (6) : 705–737

[254] Lopreato, Hazelrigg. Class, Conflict, and Mobility [M] . San Francisco: Chandler Pub, 1972.

[255] Machan T R. Classical Individualism [M] . London: Routledge, 1998.

[256] Manuel Castells. City, Class and Power [M] . The Macmillan Press LTD, 1978.

[257] Marshall G. Some remarks on the study of working–class consciousness

［J］. Politics and Society, 1983,12（3）: 263-301,

［258］Mendels. Proto-industrialization: The First Phase of the Industrialization Process［J］. Journal of Economic History, 1972（1）: 241-261.

［259］Miller, Daniel. Consumption and Commodities［J］. Annual Review of Anthropology, 1995（24）: 141-161.

［260］Miller, Daniel. Material Culture and Mass Consumption［M］. Oxford: Basil Blackwell, 1987.

［261］Morris,Murphy. A Paradigm for the Study of Class Consciousness［J］. Sociology and Social Research, 1966: 50（4）.

［262］Ngai. Subsumption or Consumption?The Phantom of Consumer Revolution in "Globalizing" China［J］. Cultural Anthropology , 2003: 18（4）: 469-492.

［263］Pun Ngai, Lu Huilin. Unfinished Proletarianization: Self, Anger, and Class Action among the Second Generation of Peasant-Workers in Present-DayChina［J］. Modern China, 2010, 36（5）: 493-519.

［264］Renton. Marx On Globalization［M］. London: Lawrence & Wishart, 2001.

［265］Rhonda Z, Schulman M D. Social Bases of Class Consciousness: A Study of Southern Textile Workers with a Comparison by Race［J］. Social Forces, 1984, 63（1）: 98-116.

［266］Rick Fantasia. From Class Consciousness to Culture, Action, and Social Organization ［J］. Annual Review of Sociology, 1995（21）: 269–287.

［267］Steinberg M. The labour of the country is the wealth of the country: class identity, consciousness and the role of discourse in the making of the English working class ［J］. International Labor and Working–Class History, 1996, 1（49）: 1–25.

［268］Tally Katz–Gerro. Highbrow Cultural Consumption and Class Distinction in Italy, Israel, West Germany, Sweden, and the United States ［J］. Social Forces, 2002, 81（1）: 207–229.

［269］Taylor C. Comments and Replies ［J］. Inquiry, 1991（34）: 237–254.

［270］Taylor C. Responsibility for Self ［J］. in A. O. Rorty, ed. , 1976: 281–299.

［271］Vallas S P. White–Collar Proletarians?The Structure of Clerical Work and Levels of Class Consciousness ［J］. Sociological Quarterly, 1987, 28（4）: 523–540.

［272］Victor V, Magagna. Consumers of Privilege: A Political Analysis of Class, Consumption & Socialism ［J］. Polity, 1989, 21（4）: 711–729.

［273］Wellman D. The Union Makes Us Strong: Radical Unionism on the San Francisco Waterfront ［M］. New York: Cambridge Univ. Press,

1989.

[274] Wirth L. Urbanism as a way of life American [J] . Journal of sociology, 1938 (l44) : 1–24.

[275] Wright. The Shadow of Exploitation in Weber's Class Analysis [J] . American Sociological Review, 2002 (6) : 832–853

[276] Wright. Understanding Class: Toward an Integrated Analytical Approach [J] . New Left Review, 2009 (60) : 101–116.

[277] Zhang, Forrest Qian, Johan A, et al. The Rise of Agrarian Capitalism with Chinese Characteristics : Agricultural Moderization, Agribusiness and collective Land Rightp [J] . The China Journal, 2008,60 (7) : 25–47.

附　录

附录1　农民工子女访谈对象情况表

编号	出生年	老家	教育简况	父母职业
01-M-D	1998年	安徽	在上海出生，在上海接受幼儿园、小学、初中教育，现在读高职	父亲是自由工作者，平时收购一些机械产品的零件然后再转手卖出去，母亲是家庭主妇
02-M-G	1998年	重庆开县	6岁来上海，在上海接受小学、中学教育，现在读高职	父母都在工厂里做五金零件
03-F-C	1996年	安徽	3岁来上海，在上海读小学，在上海读了一年的中学后转回老家读初中，初中毕业后转回上海读高职	父亲现在从事种植草坪、绿化的工作。母亲在一家生产过滤器的工厂上班
04-M-C	1999年	甘肃	6岁来上海，在甘肃读了一年级和二年级后转到上海，从三年级开始接受上海的小学、中学教育，现在上高职	父亲在浦东机场做货物运输之类的工作。妈妈在川沙一家制造汽车配件的工厂做检验工作
05-M-D	1996年	河南	5、6岁来上海，在老家读一、二年级，来上海又从一年级开始接受小学、中学教育，初二没有读完就出来打工，现在在酒店做服务员	妈妈在机场的厨房里面做一些中点，爸爸在沪东船厂里工作

编号	出生年	老家	教育简况	父母职业
06-M-J	1998年	河南	6、7岁时来上海一段时间又回老家读书，三年级下半学期来上海接受小学、中学教育，现在读高职	父母离异，后又重新组建家庭。亲妈开店，亲爸也来到上海在一家铜厂工作
07-F-L	1998年	安徽安庆	7、8岁的时候来上海，在老家读了一年级后来上海接受小学、中学教育，现在读高职	父亲是自由式的瓦工，母亲在工厂上班
08-M-P	1998年	河南信阳	一两岁就来上海。在上海接受小学、中学教育，现在读高职	父亲在工地上干监工。母亲在电子厂是普通工人
09-M-Q	1996年	安徽六安	2007年来上海，来上海前读了三四年的小学。来上海后接受小学、中学教育，现在读高职	母亲在一个小工厂上班，父亲在眼镜厂上班
10-M-W	1997年	重庆	2009年来上海，来之前在老家读了三年级，来上海后从四年级开始接受教育，现在读初二	父亲是工地上的木工，母亲在一家饭店上班
11-M-Z	1998年	河南商州	2004年来上海，接受上海幼儿园、小学、中学教育，现在读高职	父亲和母亲在同一个家具厂上班，父亲是木工，母亲干一些杂活
12-M-Z	1999年	安徽阜阳	在上海出生，接受上海小学、中学教育，现在读高职	父母在服装厂上班
13-F-W	1997年	安徽六安	8岁来上海，在老家读了一年级，来上海后又从一年级开始接受小学、中学教育，现在高职	父母的工作是从工厂里回收铜线整理加工后再卖出
14-F-W	1996年	安徽合肥	一两岁来上海，在上海接受小学、中学教育，现在读高职	父亲到五金厂上干活，母亲在厂里做贴商标的工作
15-F-L	1999年	江苏徐州	2000年来上海，在上海接受幼儿园、小学、中学教育，现在读高职	父亲在面包厂做面包烘焙，母亲在机械厂做焊工

附录2　新生代农民工访谈对象情况表

编号	出生年	老家	访谈时间和地点
16-M-M	1988	山东菏泽	2010年7月13日昆山
17-M-L	1989	河南	2010年7月13日昆山
18-M-T	1989	湖北荆州	2010年7月13日昆山
19-M-H	1990	安徽	2010年7月14日昆山
20-M-X	1985	安徽宿州	2010年7月15日昆山
21-M-N	1991	江西	2010年7月15日昆山
22-M-N	1990	山东	2010年7月15日昆山

续表

编号	出生年	老家	访谈时间和地点
23-F-H	1987	河南	2010 年 7 月 16 日昆山
24-M-L	1989	陕西	2010 年 7 月 16 日昆山
25-M-H	1986	河南	2010 年 7 月 16 日昆山
26-F-N	1989	安徽	2010 年 7 月 17 日昆山
27-M-L	1984	河南	2010 年 7 月 29 日昆山
28-M-Y	1980	河南	2010 年 7 月 31 日昆山
29-F-A	1980 年代	不详	2010 年 7 月 31 日昆山
30-M-N	1989	河南	2010 年 8 月 1 日昆山
31-M-N	1992	河南	2010 年 7 月 31 日昆山
32-F-W	1990	河北邯郸	2010 年 7 月 31 日昆山
33-M-Y	1994	安徽	2010 年 7 月 30 日昆山
34-M-N	1980 年代	河南周口	2010 年 7 月 9 日上海
35-M-M	1980 年代	山东菏泽	2010 年 7 月 13 日上海
36-F-L	1990	湖北襄樊	2010 年 7 月 17 日上海
37-F-M	1990	陕西咸阳	2010 年 7 月 17 日上海
38-M-N	1982	安徽	2010 年 7 月 17 日上海
39-M-L	1991	山东菏泽	2010 年 7 月 17 日上海
40-F-Z	1985	山东	2014 年 6 月 12 日威海
41-F-L	1984	山东威海	2012 年 3 月 5 日；2013 年 7 月 8 日；2014 年 8 月 12、17、23 日威海
42-M-L	1988	山东威海	2013 年 10 月 28 日；2014 年 5 月 9 日、7 月 16 日、8 月 12 日威海
43-F-Z	1983	陕西	2014 年 5 月 3 日威海
44-F-L	1987	山东烟台	2014 年 5 月 4 日威海
45-F-H	1992	河南	2014 年 5 月 7 日威海
46-F-Y	1991	山东威海	2014 年 7 月 3 日威海
47-F-W	1992	河南	2014 年 7 月 7 日威海
48-F-N	1989	安徽	2014 年 7 月 9 日威海
49-F-Z	1990	吉林	2014 年 7 月 9 日威海
50-F-S	1991	河南	2014 年 7 月 13 日威海
51-F-Z	1987	河北	2014 年 7 月 23 日威海
52-F-L	1986	四川	2014 年 7 月 25 日威海
53-M-D	1989	山东威海	2014 年 7 月 26 日威海
54-F-G	1990	河北	2014 年 7 月 28 日、7 月 30 日威海
55-F-Y	1991	山东	2014 年 8 月 2 日威海
56-F-H	1987	陕西	2014 年 8 月 2 日威海
57-M-D	1986	山东	2014 年 8 月 5 日威海
58-M-F	1992	江苏	2014 年 8 月 5 日威海
59-F-Z	1991	河南	2014 年 8 月 10 日威海

后 记

　　博士毕业后就职于赣南师范大学已经六年，记得博士毕业前夕，我喜欢上了一首词："少年不识愁滋味，爱上层楼。爱上层楼。为赋新词强说愁。而今识尽愁滋味，欲说还休。欲说还休。却道天凉好个秋。"我虽然没有阅遍人间的艰辛与疾苦、人生的跌宕与起伏，但对辛弃疾的这首词却越发喜欢。想到十年的大学生活终有了结之日，心里除了几分的释然外更多的是几分惆怅。我的惆怅除了在学校待久了自然产生的矫情外，还有对学无止境的慨叹。每当想起来在上海大学参加研究生复试的情境，总能感受命运的眷顾。记得那是我人生第一次远行，从枣庄到上海不仅打开我那几近童稚般的心，还让我感受到现代文明的成果。记得那是我人生第一次参加面试，当面对一群形态和表情各异的老师时，仿佛被困在了十八罗汉阵。还有一位操着标准中式英语的大师在外观敌掠阵、查漏补缺，我顿时坐立不安起来，回答问题当然也结结巴巴、答非所问。但我最终还是进入了上海大学社会学系，掀起了建设自己新生活的高潮。

当我来到上大才意识到自己终于来到大学读书，因为那时我知道了什么是兼容并蓄和思想独立，懂得了什么是自由交流的畅快，明白了井底之蛙的心胸和眼界的狭隘。社会学学习的过程不仅是一个破解思想僵化过程，更是一个知识重构和自反性思考的过程。在学术训练中，首先我要感谢我的导师张敦福教授。记得第一次和张老师见面时，他问我："你觉得社会学和人类学有什么区别？"我的回答是这两门学科没有实质性的差别。虽然当时的回答是出于无心或出于应付。但我现在并在将来将坚守这个"承诺"，用质性研究方法来了解社会已经或正在抑或将要发生的事件。这不仅与我对理论和资料的偏好有关，更与我的价值偏好密不可分。质性研究似乎日渐衰微，这固然与社会经济的发展导致代表性出现偏差有关，更与大数据分析代表了科学的话语和现实需要有关。了解这个社会不仅需要大数据的调研还需要质性研究的深入探索。在张老师那里，我学会了论文写作要言之有物，怎样用平实的语言传达自己的研究问题和思想意识；在张老师那里，我学会了如何去做实地访谈和严谨的做事风格。记得在昆山F工厂做调查的时候和张老师住在一个房间，已是晚上近12点了，白天的访谈和步行已使我人困马乏，不久我便进入梦乡，不知过多久我被不知几只蚊子咬醒了，发现张老师还在笔记本上写东西。此外，张老师还让我明白了其他的注意事项，比如学术词语的应用、文献的阅读方法、文章写作的结构安排等，在此不一一赘言。其次我要感谢肖瑛教授，每次参加肖瑛老师的读书会和课堂学习都是一次思想的享受和旅行。有时和肖瑛老师交流有一种醍醐灌顶或者说茅塞顿开的感觉，然我生性愚钝竟有此感觉已实属不易。有时我所写的论文片段竟然是很久以前肖瑛老师讲过的东西，我竟还洋洋自得地以为是自己的首创。每思及此，就为自己的愚钝感到无地自容，也为自己的知识反馈能力之差感到汗颜。此外我还要感谢徐冰、刘玉照、沈关宝、陆小聪、张海东、张文宏、翁定军、范明林等老师，正是在你们的课堂上让我知道了社会学是如此的博大精深，在此不一一谢过。在论文写作过程中，我要感谢刘建洲老师，我的选题和写作过程都离不开刘老师的悉心指导。特别是几次长谈，让我受益匪浅，在我心怀忐忑时，是刘老师鼓励我继续做下去。我还要感谢在论文搜集资料的过程中提供给我资料的人们和我的工友，正是由于你们的帮助我才得以收集到鲜活的材料；同时感谢潘毅教授和南京范大学的调研者提供昆山新生代农民工的访谈资料；感谢南都基金对上海地区农民工子女调查的资助；更感谢好友韦谢提供的上海市农民工子女的访谈资料。没有诸位老师、好友和志同道合者的帮助，我的博士论文是无法完成的。

在上大最让我难忘的是结识了一批好友和同门。记得和韦谢、汤保旭、杨治、崔凡等好友在深夜中买醉，彻夜在 Dota 世界中"厮杀"，醉酒后丑态百出、大言不惭等等。韦谢的聪慧儒雅、汤保旭的仗义与坦荡、杨治的侠骨柔情、崔凡的远见卓识都让我受益匪浅，谢谢你们。当诸多喜怒哀乐涌上心头时，有一种人生如此，余愿已足的情怀。还要感谢我的舍友金文龙，他严肃活泼的性格和乐观的生活态度无时不在影响着我，他嗜烟如命却常怀戒烟之心，他明明春心荡漾却时常自娱自乐，他深情高歌以致音符飘到隔壁女博士宿舍，他每次出去调查就会留下两句话：想我就写信！如果有一天我走了你会像马达那样找我吗？我的同门徐京波、范国周、尹洪禄、汪玲萍、戚务念、李立文、周汝静、葛佳等师兄师姐师弟师妹们，无论在读书会上还是在生活中都给了我莫大的帮助和鼓励。谢谢你们，生活因此才不孤单。

感谢李晓方院长和魏炜副院长的大力支持和厚爱，我才有勇气修改并出版博士论文。还要感谢穆昭阳、邹梅珠、华永、黄清喜、魏志龙、郑紫苑、田有煌、刘珊珊、戴五宏、周震宇、叶琴、王姣、彭景涛、王天鹏、郑庆杰等同事好友的交流和生活中的帮助，感谢我的研究生倪明宇、纪贤陪、吴蝶、李敏等，在文字修改过程中的付出，在此不一一谢过。

此外，我要感谢我的父母，正是你们无私和奉献才让我在读书的道路上一帆风顺和勇往直前。工作后远离故土，为人子而不能尽孝，每思及此，内心就五味杂陈。古语说，父母在不远游，游必有方，但愿自己能追寻到这个"方"。我还要感谢我的妻子李玉敏，她一边上班，一边照顾家庭，辛苦了。希望一切都会好起来，我亲爱的家人，我爱你们。

庚子年壬午月于赣南师范大学